得点力に差がつく！

バスケットボール
シューティングガード

上達のコツ 50

川崎ブレイブサンダース
辻直人 監修

メイツ出版

得点力に差がつく！
シューティングガード
上達のコツ50

　シューティングガードはチームのエースであり、オフェンスで重要な役割を担っている選手だ。自らシュートを積極的に打つことはもちろん、味方がフリーでシュートを打つためのスペースを考え、あらゆる状況で判断しながらプレーしている。

　大事な場面で得点を決めるためのシュート力やマークをかわすテクニック、そしてチームに流れや勝利を呼び込むために、シュートを打ち続けることができる強いメンタルなど、シューティングガードに必要な要素は数えきれない。

　本書は日本を代表するプレイヤーとして活躍している辻直人選手が、エースとして、シューティングガードの極意をアドバイスする！

監修・モデル

辻 直人
<small>つじ なおと</small>

1989 年生まれ。
小学生のときに 4 歳上の兄の影響でバスケットボールをはじめる。中学時に大阪府代表選出、3 年時には大阪府大会で優勝を遂げる。高校はバスケットボールの名門洛南高等学校へ進学。3 年時にインターハイ、国体でベスト 8、ウィンターカップ 2 連覇を達成。卒業後は青山学院大学へ進学し、4 年時には関東大学選手権 2 連覇、MVP と 3 ポイント王を受賞する。全日本大学選手権でも 2 連覇を達成し MVP を受賞。その後、東芝（現・川崎ブレイブサンダース）に加入し、チームの主力として活躍。日本代表にも選出されている。

[受賞・代表歴]
全日本大学バスケットボール選手権大会 最優秀選手賞（2012）
日本代表 アジア選手権（2013）
NBL プレーオフ MVP 受賞（2013-2014、2015-2016）
年間ベスト 5 受賞（2012、2013、2015 年度）
全日本総合バスケットボール選手権大会ベスト 5 選出（2014）
日本代表 アジア競技大会銅メダル（2014）
日本代表 リオ五輪世界選手権最終予選（2016）

この本の使い方

この本では、バスケットボールのシューティングガードとして活躍するためのテクニックや考え方、戦術、トレーニング等を解説している。これからバスケットをはじめようとしている人はもちろん、レギュラーを目指す新入生やすでにシューティングガードとしてプレーしている選手でもスキルアップできる内容となっている。

シューティングガードに必要な技術やフォームの注意点、上達するための考え方を解説しているので、読み進めることで着実にレベルアップすることができる。克服したいという苦手な項目があれば、そこだけをピックアップすることも可能だ。各ページには、解説を要約する「コツ」があげられている。

PART1

コツ
05

シューティングガードのシュートシー
アウトサイドを主戦場にリングを

アウト━━━━からのスリー━
イントシュートは、シューティングガードにとって見せ場となるプレー。

アウトサイドからのシュートを高い確率で入

シューティングガードは「シューター」とも呼ばれるように、アウトサイドからリングを射抜くシュートの精度が求められるポジション。チームで最もシュートが巧みな選手が担う。

特にスリーポイントエリアからの得点は「3点」というスコア以上に破壊力が

あり、チームに勢いをもたらする序盤では相手を一気に突きい上げる終盤では相手に大きシャーをかけることができるの

つまりシューティングガート の確率や活躍次第でチームに き沈みするのだ。

18

多彩なシュートテクニックでリング近くで得点を決める

相手は当然、シューティングガードの3ポイントを警戒してくる。スリーポイントラインの内外で相手マークと駆け引きし、時には内側でパスを受けて2ポイントを狙う。レイアップをはじめとするシュートテクニックが必要だ。

フリースローを確実に決める

相手選手からファウルを受けたときや相手チームにテクニカルファウルがあったときは、フリースローが与えられることがある。フリースローを打つシューティングガードとしては、確実に沈めて1ポイントを加えたいプレーだ。

状況によっては切り込んでシュート

自らドライブで切り込んでからのシュートも有効だ。アウトサイドからのシュートを封じられて何もできない選手では、プレー時間が短くなってしまう。相手のアウトサイドの警戒を利用して、切り込んでシュートを狙う。

+1 アドバイス

繊細なシュートタッチで3ポイントシュートを決める

スリーポイントライン上は、まさにシューティングガードの主戦場といえる。あらゆる角度から、すばやいシュートモーションで打てることが大事。位置によってはリングの距離も変わってくるので、繊細なシュートタッチが求められる。

19

PART1 シューティングガードの心得

CONTENTS

PART5　シューティングガードが活躍するオフェンス

PART6　シューティングガードのトレーニング& コンディショニング

PART

1

シューティングガードの心得

シューティングガードの役割
得点を決めてチームを勝利に導く

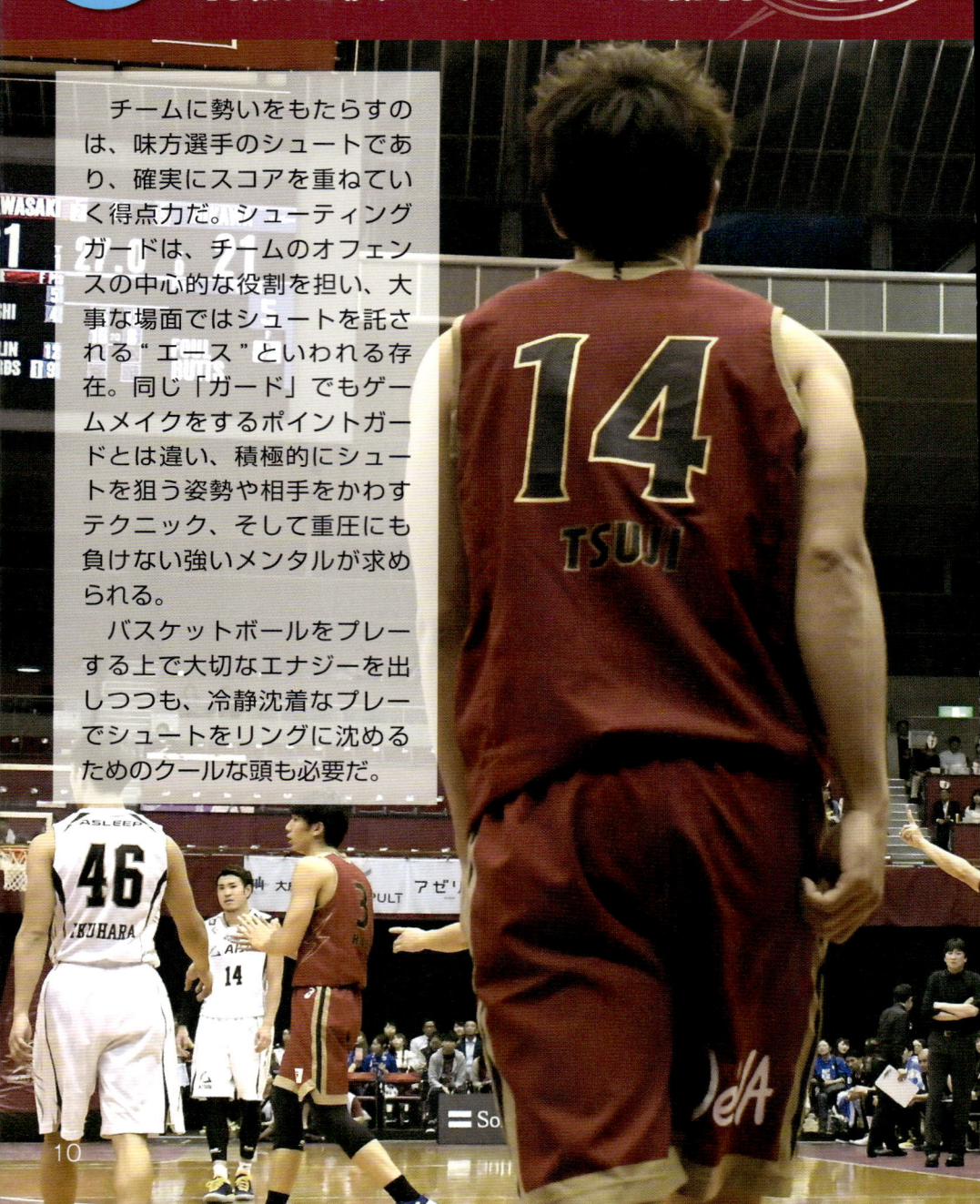

チームに勢いをもたらすのは、味方選手のシュートであり、確実にスコアを重ねていく得点力だ。シューティングガードは、チームのオフェンスの中心的な役割を担い、大事な場面ではシュートを託される“エース”といわれる存在。同じ「ガード」でもゲームメイクをするポイントガードとは違い、積極的にシュートを狙う姿勢や相手をかわすテクニック、そして重圧にも負けない強いメンタルが求められる。

バスケットボールをプレーする上で大切なエナジーを出しつつも、冷静沈着なプレーでシュートをリングに沈めるためのクールな頭も必要だ。

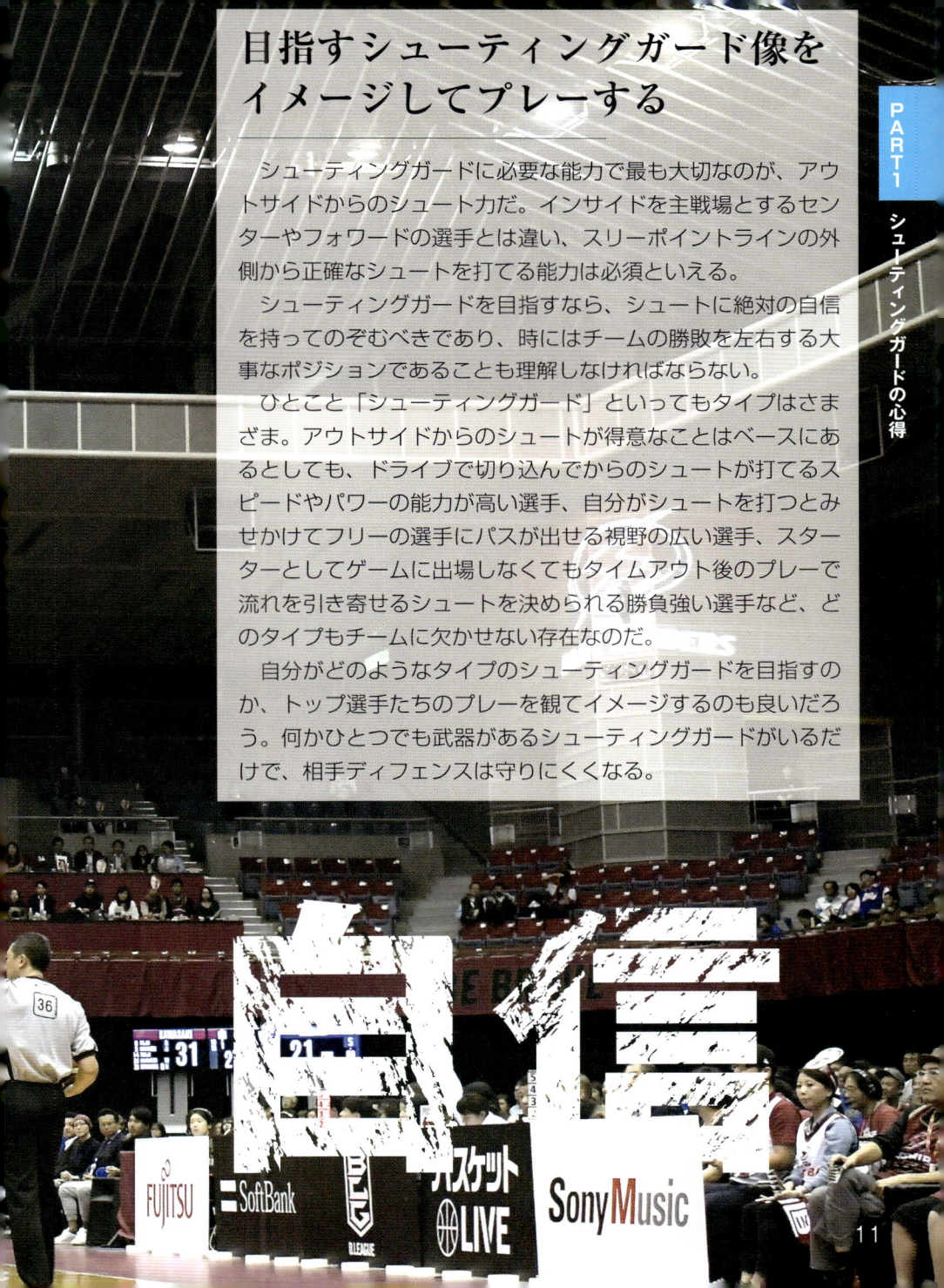

目指すシューティングガード像をイメージしてプレーする

シューティングガードに必要な能力で最も大切なのが、アウトサイドからのシュート力だ。インサイドを主戦場とするセンターやフォワードの選手とは違い、スリーポイントラインの外側から正確なシュートを打てる能力は必須といえる。

シューティングガードを目指すなら、シュートに絶対の自信を持ってのぞむべきであり、時にはチームの勝敗を左右する大事なポジションであることも理解しなければならない。

ひとこと「シューティングガード」といってもタイプはさまざま。アウトサイドからのシュートが得意なことはベースにあるとしても、ドライブで切り込んでからのシュートが打てるスピードやパワーの能力が高い選手、自分がシュートを打つとみせかけてフリーの選手にパスが出せる視野の広い選手、スターターとしてゲームに出場しなくてもタイムアウト後のプレーで流れを引き寄せるシュートを決められる勝負強い選手など、どのタイプもチームに欠かせない存在なのだ。

自分がどのようなタイプのシューティングガードを目指すのか、トップ選手たちのプレーを観てイメージするのも良いだろう。何かひとつでも武器があるシューティングガードがいるだけで、相手ディフェンスは守りにくくなる。

シューティングガードの能力
コンディションを整えてゲームにのぞむ

感覚

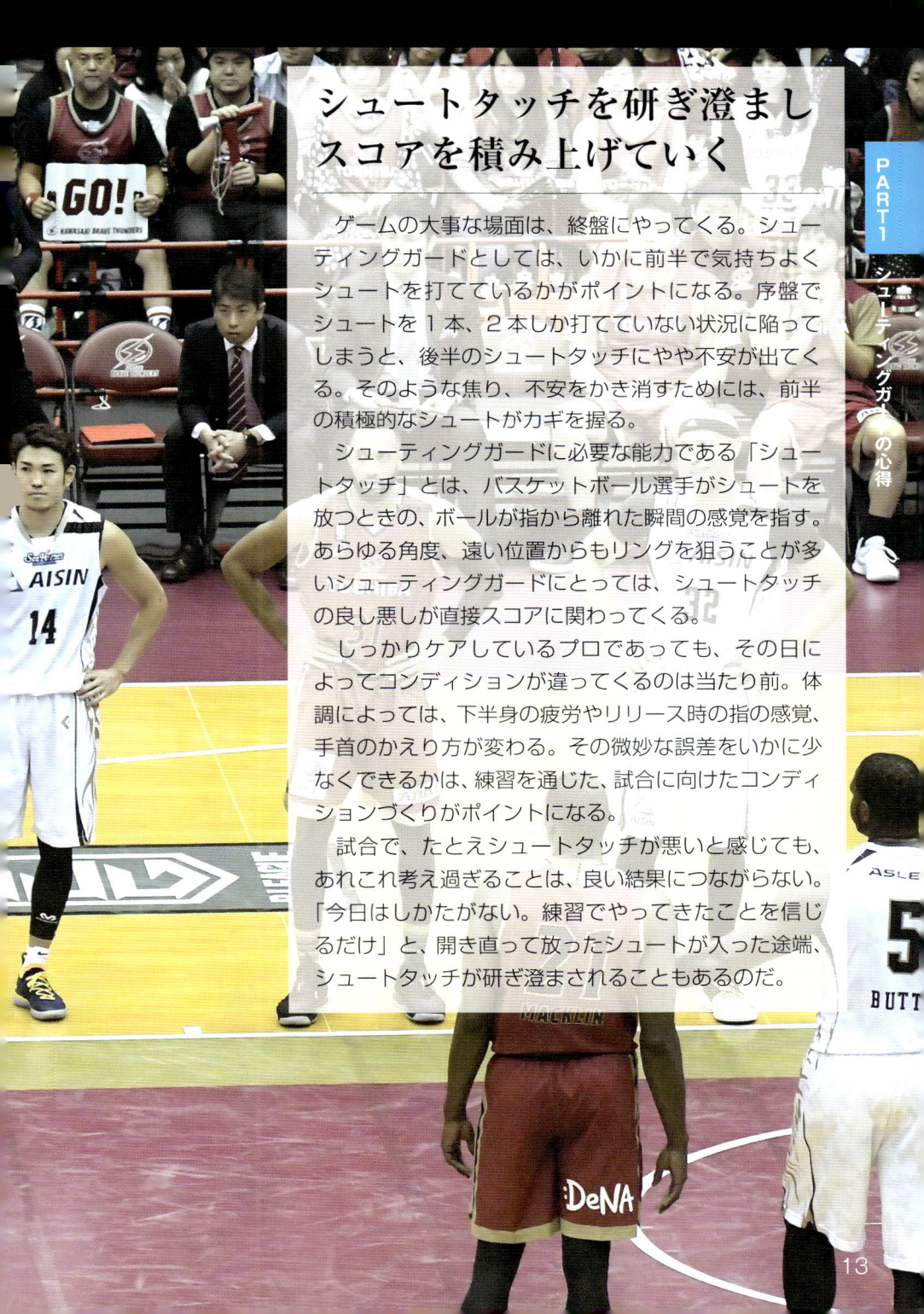

シュートタッチを研ぎ澄まし
スコアを積み上げていく

ゲームの大事な場面は、終盤にやってくる。シューティングガードとしては、いかに前半で気持ちよくシュートを打てているかがポイントになる。序盤でシュートを1本、2本しか打てていない状況に陥ってしまうと、後半のシュートタッチにやや不安が出てくる。そのような焦り、不安をかき消すためには、前半の積極的なシュートがカギを握る。

シューティングガードに必要な能力である「シュートタッチ」とは、バスケットボール選手がシュートを放つときの、ボールが指から離れた瞬間の感覚を指す。あらゆる角度、遠い位置からもリングを狙うことが多いシューティングガードにとっては、シュートタッチの良し悪しが直接スコアに関わってくる。

しっかりケアしているプロであっても、その日によってコンディションが違ってくるのは当たり前。体調によっては、下半身の疲労やリリース時の指の感覚、手首のかえり方が変わる。その微妙な誤差をいかに少なくできるかは、練習を通じた、試合に向けたコンディションづくりがポイントになる。

試合で、たとえシュートタッチが悪いと感じても、あれこれ考え過ぎることは、良い結果につながらない。「今日はしかたがない。練習でやってきたことを信じるだけ」と、開き直って放ったシュートが入った途端、シュートタッチが研ぎ澄まされることもあるのだ。

シューティングガードのメンタル
練習の積み重ねがメンタルを強くする

プレッシャーや重圧は
練習量でカバーする

　コンディションや相手とのマッチアップの関係によって、シュートタッチが定まらず、なかなかシュートが決まらない日もある。そんな悪いときこそ、立ち戻れるフォーム、基本が大切になる。ゲーム中に自らを見失い、迷うようなことになっては、シュートを決めるどころか、打つことすらできなくなってしまう。

　シューティングガードが活躍するには、精神的 (メンタル) な部分が半分を占めているという辻選手。揺るがない土台づくりは練習量によって決まる。プレッシャーや重圧は、練習量でカバーするというスタンスでバスケットボールに取り組んでいる。メンタルが弱いからといって、シューティングガードには向かないということはない。気持ちが弱いとわかっていれば、練習で確固たる自信をつかめばいい。実際の試合では、大事な場面でシュートを打つ「勇気」が必要になる。ゲームに入ったときに「自分をどれだけ信じられるか」もポイントだ。

　もちろん、失敗することもあるが、それを正面から受け入れて、その失敗した場面やシチュエーションをイメージして練習し、壁を乗り越えていくことのくり返しがシューティングガードとしての成長につながる。

コツ 04

シューティングガードの心得
攻守にわたってチームに貢献する

得点を決める場面で
メインとして活躍する

シューティングガードはチームで最もシュートがうまい選手がつとめるポジションであって、コートに立つときは自信を持ってプレーし、常に結果を出していかなければならない。

チームのオフェンス戦術によっては、チームメイトがシューティングガードに打たせるための流れをつくり出してくれる。ゲーム全体をオーガナイズするポイントガードのような司令塔ではないが、「得点を決める」という場面では、主役としてオフェンスをリードし、高い確率で結果を出してチームを勝利に導く。

毎試合アベレージ20点を入れるような選手もいれば、出場時間が短くても重要な場面で、ゲームの流れや勝敗を左右するようなポイントを決められる選手もおり、チームにとって重要なポジションであることは間違いない。

ゲームに出場するには、当然ディフェンス力もしっかり磨かなければならない。ゲーム中に対峙するのは相手チームのエースであり、得点源だ。優れたシュート力を持ったシューティングガードには、簡単にはボールを触らせない、ボールを持たせてもシュートを打たせないことを鉄則にプレーする。

さらに、最も確率が高い「キャッチ＆シュート」に持ち込ませず、相手チームが仕掛けてくるピック＆ロールなどのオフェンス戦術にも対策しなければならない。

勝利

シューティングガードの心得

コツ 05

シューティングガードのシュートシーン
アウトサイドを主戦場にリングを狙う

アウトサイドからのスリーポイントシュートは、シューティングガードにとって見せ場となるプレー。

アウトサイドからのシュートを高い確率で入れる

シューティングガードは「シューター」とも呼ばれるように、アウトサイドからリングを射抜くシュートの精度が求められるポジション。チームで最もシュートが巧みな選手が担う。

特にスリーポイントエリアからの得点は「3点」というスコア以上に破壊力が

あり、チームに勢いをもたらす。リードする序盤では相手を一気に突き放し、追い上げる終盤では相手に大きなプレッシャーをかけることができるのだ。

つまりシューティングガードのシュートの確率や活躍次第でチームは大きく浮き沈みするのだ。

POINT 1

多彩なシュートテクニックで
リング近くで得点を決める

　相手は当然、シューティングガードの3ポイントを警戒してくる。スリーポイントラインの内外で相手マークと駆け引きし、時には内側でパスを受けて2ポイントを狙う。レイアップをはじめとする多彩なシュートテクニックが必要だ。

POINT 2

フリースローを
確実に決める

　相手選手からファウルを受けたときや相手チームにテクニカルファウルがあったときは、フリースローが与えられることがある。フリースローを打つシューティングガードとしては、確実に沈めて1ポイントを加えたいプレーだ。

POINT 3

状況によっては
切り込んでシュート

　自らドライブで切り込んでからのシュートも有効だ。アウトサイドからのシュートを封じられて何もできない選手では、プレー時間が短くなってしまう。相手のアウトサイドの警戒を利用して、切り込んでシュートを狙う。

プラス ワン アドバイス +1

繊細なシュートタッチで
3ポイントシュートを決める

　スリーポイントライン上は、まさにシューティングガードの主戦場といえる。あらゆる角度から、すばやいシュートモーションで打てることが大事。位置によってはリングとの距離も変わってくるので、繊細なシュートタッチが求められる。

シューティングガードのハンドリング
積極的にボールにからんでオフェンスを導く

ボールを巧みに扱うハンドリング
は、ドリブルやパスで使う必須の
テクニック。

巧みなボールハンドリングでパスをつなぐ

シューティングガードは、ポジション名に「ガード」とつく以上、チームの司令塔であるポイントガードを助ける役目が求められる。つまりコート全体を見渡す視野の広さはもちろん、正確にパスをつなぐハンドリング能力の高さも求められるのだ。

スリーポイントシュートの可能性がある自分に相手マークを集中させて、フリーになっている味方選手にパスをつなぐことができれば、高い確率で得点することができる。チームのオフェンスを高い戦術眼を持ってリードしていくことがポイントになる。

リングに向かうプレーで
味方にフリーをつくる

　シュートモーションからのパスだけでなく、ドライブからのアシストなどリングに向かうプレーで相手を引きつけ、高い確率でシュートを狙える選手にパスをつなぐ。相手ディフェンスの位置や味方選手のポジションを頭に入れて動作する。

相手とマッチアップしながら
次のプレーを選択する

　シュートが打てない状況では、すばやくドリブルやパスを選択する。ボールを保持しながら、マッチアップする相手と駆け引きしながら、ベストのプレーを導き出せるよう安定したハンドリングでボールをしっかりコントロールする。

テクニックを駆使して
マークを惑わす

　マッチアップする選手をかわすことができれば、シュートチャンスがやってくる。ドリブルからの切り返しやシュートモーションからのフェイクなど、相手を惑わすテクニックを駆使し、シュート体勢に入ることができるよう工夫する。

プラスワン ＋1 アドバイス

タイミングよくパスを
受けて攻撃につなげる

　シューティングガードがボールを持つことは、相手チームにとって脅威だ。そのため、ゲームではシュートエリアで、簡単にボールを受けることが難しくなる。相手をかわすように動き出し、ミートしながらタイミングよくパスを受ける。

コツ 07 シューティングガードの状況判断
ゲームの状況を把握してプレーする

得点差や残り時間、味方、相手のポジショニングなどあらゆる状況を頭に入れてプレーする。

点差や時間、展開を考えてプレーを選択する

バスケットボールは、他の球技と比べてハイスコアの試合になるため、点の獲り合いというイメージがある。

しかし実際は、対戦するチーム同士の特徴や選手のコンディション、試合展開によって内容は大きく異なり、出場する選手は、常に状況を把握しながらプレーしなければならない。

オフェンス時には得点を狙うことはもちろん、点差に応じたシュートのタイミングや24秒ルールの制約を考えてプレーすることが大事。残り時間を把握して、勝負を決定づけるシュートを決めることがシューティングガードには求められる。

POINT 1

ブザー間際にシュートを決めて相手を突き放す

バスケットボールの試合は、時間の使い方が重要なカギを握る。ゲーム終了間際で試合を決めるような得点だけでなく、各クオーターのブザーが鳴るタイミングのシュートは、オフェンスチームにとって相手を突き放す絶好のチャンス。

POINT 2

オフェンス時の24秒を意識してプレーする

オフェンスチームは24秒以内にシュートを打たなければならない。相手のチームディフェンスが機能して、シューティングガードも自分のマークをうまく離すことができないと、チームは時間を浪費することになってしまう。

POINT 3

タイムアウトの戦術をオフェンスで体現する

タイムアウトで決められたオフェンスでシューティングガードは重要な役割を果たす。自らシュートを決めるだけでなく、おとりとなって味方をフリーにするプレーなど、相手ディフェンスのつき方を考えたチームオフェンスで対応する。

＋1 アドバイス

残り時間や展開を考えてシュートを狙う

展開によっては、相手に大きくリードを許し、スリーポイントで詰めていかなければ届かない試合もある。ただし、チームとしてのオーダーは3点であっても、マークの状況や残り時間を考えて確実に2点を獲りにいくことも必要になる。

PART1 シューティングガードの心得

写真提供：川崎ブレイブサンダース

コツ 08 シューティングガードのフィジカル
ブレない強い体で攻守に機能する

コートを縦横無尽に走るためのスピードとスタミナ、相手に当たり負けしないフィジカルの強さが必要。

バスケットボール選手として必要な体をつくる

　シューティングガードは「シューター」のイメージだけが先行しがちだが、ディフェンス面でもしっかり機能しなければならない。プロバスケットでもサイズがないシューティングガードが、大きなフォワードやセンターの選手と競い合うシーンが見られる。コートに立つ以上は、体格や身長に関係なく、相手と対峙しなければならない。

　そのためにはベースとなる走力やスタミナ、瞬発力、コートを縦横無尽に走りまわるフットワーク、そしてバスケットボールのプレーの下支えとなる体幹の筋肉の強さが必要となる。

コートを走り続けられる
走力とスタミナをつける

　バスケットボールは点を獲り合うゲーム。オフェンスとディフェンスを切り替えつつ、ダッシュとストップを繰り返すだけでなく、交代するまでは全力で走り続けられるスタミナが必要だ。最も大事なフィジカルは走力といっていいだろう。

対人で当たり負けない
体でプレーする

　バスケットボールは対人プレーが必然のゲームだ。ルールで定められた範囲内なら相手選手との接触や体のぶつかり合いがある。自分より大きな選手にも当たり負けしないディフェンス。オフェンスのプレーをするための体の強さが大切。

スピードを武器に
相手と対峙する

　オフェンスを成功させるポイントの1つとしてプレーの「スピード」があげられる。自身が有するスピードによってマークをかわし、シュートやアシストになるパスも可能になる。相手をかわす瞬間的なスピードで得点機会をつくる。

＋1 アドバイス

体幹を鍛えて
SG として能力アップ

　体幹の筋肉群は、バスケットボール選手に必要なスピードや体軸の維持に働く。地道な筋力トレーニングでレベルアップすることで「対人の強さ」や「瞬間的なスピード」「シュートモーションでの体軸の維持」などに効果をもたらす。

シューティングガードのチームプレー
献身的なプレーでチームを支える

より多くの得点を重ねるためのチームプレーを意識し、**シューティングガード**としての役割も果たす。

味方選手との連携でオフェンスを構築する

スターターでも途中出場であってもチームに貢献するための献身的なプレーを忘れてはならない。ディフェンスの場面ではマッチアップする相手のシューティングガードを自由にシュートさせず、状況によっては、味方選手のヘルプディフェンスに入ることも必要だ。

オフェンス面ではピック＆ロールを使って相手ディフェンスを切り崩していく。味方選手のスクリーンを巧みに利用することにより、フリーでシュートを打つことができる。ときには自分がスクリーナーの役目になって、味方選手を生かす方法を考えていくことも大切だ。

味方とのコンビネーションで ピック＆ロールを使う

　ピック＆ロールは現代のバスケットで欠かせないオフェンス戦術。シューティングガードがシュートを打つときは、味方のスクリーナーの横をすり抜けて、パスをもらいマークをうまく外したら、すばやくシュートモーションに入る。

ゴール下に侵入して 味方選手をフリーにする

　オフェンスでは、いかにフリーのシュートチャンスをつくるかがポイント。シューティングガードはアウトサイドだけでなく、コーナーまで走ったり、インサイドにも侵入して相手の意識を自分に集中させて味方をフリーにする。

スペースを意識しながら フリーを生み出す

　プレーしながら常にスペースを意識することが重要。ボールを持ちながらコートをふかんで見て、空いているスペースがどこかチェックし、そこに自分が切り込んでいくことで元いたスペースに味方選手が入り、フリーの状態をつくる。

＋1 アドバイス

自分とまわりの選手が 連動することを考える

　調子が良いときは積極的にボールをもらって、どんどんシュートを打つ。しかし、そのようなときほどマークが厳しくなるので、自分がスクリーナーになったり、スクリーンをかけるタイミングをコールしたり、自分とまわりの選手がいかに連動するかを考える。

シューティングガードの駆け引き
ディフェンスの意識を利用して攻撃を仕掛ける

オフェンスの中心となって、
チームの多くの得点シーンに
関わる。

自分をおとりにして攻撃のバリエーションを増やす

シューティングガードが最もシュートしやすいプレーが「キャッチ＆シュート」だ。対峙するマークを振り切ってフリーになった瞬間、ボールを受けてすばやい動作からシュートを打つ。

ゲーム中は高い確率で得点になるキャッチ＆シュートを防ごうと、ディフェンス側は厳しいマークをつけてくる。特にスリーポイントエリアでフリーにすることは、３点を失うリスクが高くなる。

そのような相手の意識を利用してプレーすることも大事。自分がスリーポイントのエリアに入ることで、マークを集中させて味方選手をフリーにする。

フェイント動作で 相手より先に動く

フリーでボールをキャッチするには、マークを振り切らなければならない。オフェンス場面でボールを持っていなくても相手との駆け引きがある。巧みなフェイント動作から一歩先に動き出すことで、その後のプレーがスムーズにできる。

シューティングガードを おとりにして攻撃する

シューティングガードがノーマークとなってスリーポイントのライン上に出れば、必然的に自分のマークだけでなく、他のマークもヘルプで寄せてくる。そのような状況をつくることで味方選手にフリーのスペースを与える。

ゴールに向かって積極的に 仕掛けて相手を警戒させる

シューティングガードがゴールに向かってアタックすることで相手ディフェンスは、アウトサイド以外のシュートも警戒しなければならない。積極的に仕掛けていくことで、シュートフェイントや味方へのパスが効く。

プラス ワン アドバイス +1

ラインの内外を 意識してプレーする

スリーポイントラインの内か外かで相手ディフェンスの意識や守り方が変わる。シューティングガードはラインを意識しつつ、高い確率で得点が決まるプレーを選択する。打つとみせかけて内に切り込んだり、切り込むとみせかけ、さがって3ポイントを狙う。

シューティングガードにまつわる ポジションナンバーと背番号

　バスケットボールでは背番号と区別された「ポジションナンバー」があり、この番号によってチーム内の役割を担っている。1番ポイントガード、2番シューティングガード、3番スモールフォワード、4番パワーフォワード、5番センターが基本。チームの選手構成や戦術上の理由から、2番のシューティングガードが1番や3番でプレーすることもある。

　背番号については、従来4番から使用されていた。これは審判ジャッジのシグナルで得点と選手番号を混同しないため。今では番号の自由化により「00」から「99」までの番号が使用できるようになっているため、個人として愛着のある背番号をつけることが多いようだ。

シュートを極めて
得点力をアップする

シュートタッチ
シュートタッチを極めて成功率をあげる

ボールをセットしたときのヒジの高さや位置、ボールの持ち方など自分に合うフォームを身につける。

ボールをリリースした瞬間のシュートタッチを極めて確率の高いシューターになる。

常に同じ動作で正確なシュートを放つ

「シュートタッチ」とは、選手がシュートでボールを放った、指から離れた瞬間の感覚をさす。レベルの高いシューターになると、ボールが離れた瞬間の感覚で、シュートがリングに入るか、入らないかがイメージでき、その日の自分のコンディションも把握できるという。

シューティングガードを担う選手には、研ぎ澄まされたシュートタッチが求められる。そのためには常に同じシュート動作で打てるフォームの再現性はもちろん、シュートモーションに入る前の足の運びやボールの握り方など、準備しておくべきことが数多くある。

POINT 1

基本のシュートフォームを
しっかり身につける

　相手からの圧力がないフリースローや不利な体勢からのジャンプシュートであっても、基本フォームと同じ形で打てることが理想。そのために、あらゆる距離や角度からのシュート練習を行い、基本フォームを自分のものにする。

POINT 2

シュート前の足運びが
結果を左右する

　シューティングガードは、ボールを持ち込んで相手をかわしたり、パスを受けてもワンカウントでシュートモーションに入らなければならない。どの方向からパスを受けても、すばやく足を揃えてシュート動作に入るステップを身につける。

POINT 3

多彩なシュートを身につけて
オフェンスをリードする

　アウトサイドからのシュートだけでなく、レイアップシュートなどのランニングシュートはもちろん、巧みなステップを入れるフェイドアウェイ、微妙なシュートタッチが求められるスクープシュートなど、難易度の高いシュートも身につける。

プラス ワン +1 アドバイス

リング手前で
距離感を把握する

　辻選手の場合、フリースローやジャンプシュートなどの基本的なシュートは、リング手前側で距離感を把握し、ボールはリング中央を通過するような軌道をイメージする。人によって感覚が違うので、自分に合った狙いの付け方を考えよう。

コツ 12

フリースロー
正確なシュートモーションでリングを狙う

両足を肩幅よりやや広く開き、腰を落としてリングを見る。

ヒザを曲げてボールを持つ手を額の前でセットする。

POINT 1

リングに向けてフォロースルーをとる

　動作中はツマ先から頭まで一本の線が入っているイメージで、体のバランスをとる。手首を返してボールを持ち、リリースではスナップを効かせる。そこからリングに対して、まっすぐフォロースルーをとることで規則正しい軌道になる。

常に同じフォームで打てるよう練習する

フリースローは、常に同じフォームで打てるよう繰り返し練習することが大事。下半身の土台を安定させて、リラックスしたフォームからボールを放つ。手首を使ってボールにスピンをかけてフォロースルーをとる。

ヒザを伸ばしながらボールをリングに向けて押し出すようにリリース。

スナップでボールに回転をかけてフォロースルーをしっかりとる。

足を肩幅より広めに開きヒザを軽く曲げる

腰を落とした姿勢でツマ先をゴールに向ける。このときボールを胸の前にセットし、リングに目を向けて狙いを定める。ここまでの動作をルーティン化することで、常に同じフォーム、リズムで打つことが可能になる。

コツ 13

ジャンプシュート（スリーポイント）
ジャンプから軸を安定させてシュートを打つ

腰を落としてリングをチェックする。

ヒザを曲げてボールを持つ手を額の前でセット。

ヒザを伸ばしながら上方へジャンプする。

POINT 1

軸がぶれないように
体幹を安定させる

　ボールを持ったらヒザを曲げて体を沈ませ、伸ばす反動で勢いよくジャンプできる構えに入る。目線やツマ先はゴールへ向け、ジャンプの力をボールに伝えてコントロール。ジャンプで体の軸がぶれないようにフォームを維持する。

アウトサイドからのジャンプシュートで3点を決める

スリーポイントのチャンスがあれば、すばやくシュート体勢に入り、ジャンプと同時に打つ。アウトサイドが得意なシューティングガードには、必須のテクニック。ディフェンスをかわしてフリーになり、シュートを打つ。

極めて得点力をアップする

ボールをリングに向けて押し出すようにリリースして両足で着地する。

空中で姿勢をまっすぐ維持しながら最も高いところでリリース。

スナップでボールに回転をかけてフォロースルーをしっかりとる。

POINT 2

重心を安定させて構えに入る

シュートの確率をあげるためには構えをつくるところで、しっかり止まって体が流れないようにする。ヒザを曲げてタメをつくり、ジャンプとともにボールに力を伝える。空中でも軸がブレないよう体をまっすぐ維持することが大切。

コツ +α

スリーポイントシュート
距離や軸足に合わせて手の高さを変える

通常は額の前にボールをセットしでシュートする。

ボールをセットする高さを変えることでボールの軌道やシュートタッチを調整できる。

スリーポイントを効果的に決めて主導権を握る

スリーポイントエリアからのシュートは、成功すれば3得点になり、ゲームの流れを大きく左右する。アウトサイドからのスリーポイントシュートを狙う役目でもあるシューティングガードは、どの角度からでも正確にリングを射抜かなければならない。

スリーポイントラインは基本的にリングから6.75mの位置にある。しかしゴールに対して0度は6.6mと近くなるため距離が微妙に違う。この誤差をうめるために基本的なシュートフォームは変えず、手の高さを調整してコントロールすることがポイントだ。

POINT 1

高い打点からボールをリリースし、放物線を描くようなイメージでリングに落とす。

リングに対して正対し、体の軸を維持する

スリーポイントを狙うときのシュートテクニックは「ジャンプシュート」。リングに正対してまっすぐジャンプし、体の軸をまっすぐ維持しながらフォロースルーをとる。マークのプレッシャーによってバランスを崩したり、慌ててシュート動作に入ってしまうと確率が低くなる。辻選手のスリーポイントシュートの軌道をイメージしよう。

POINT 2

打点を高くして シュートの軌道を調整する

ボールを受ける前の足の踏み込みや受けた後の足の揃え方によって、シュートする利き腕の力の入り方が変わる。右利きの場合、右足を踏み込んだ直後のシュートは力が入りやすい。打点を高くしてシュートの軌道を浮かせて調整する。

+1 アドバイス

シュートタッチを変えて リングを狙う

同じスリーポイントエリアでもコーナー付近は、リングまでの距離がやや近い。常に同じような力加減では、リングに対してアジャストできない。打点を高くしてシュートの軌道を高くするように、やわらかいシュートタッチに変える。

コツ 14 レイアップシュート
片手でボールをリングに置きに行く

リングに向かうドリブルから両手にボールを持つ。

両手でボールを持ちながら、片足で上方に踏み切る。

片ヒザをあげて、片手でボールを下から支えて持つ。

POINT 1

上方のリングに対しボールを置きに行く

ドリブル後にステップを踏み込んだら、高く真上に向かってジャンプ。ヒザをあげてジャンプに弾みをつけ、両手から片手に持ち替えてシュート体勢に入る。リングにボールを運ぶようにして、下から上へボールをあげる。

確率が高いレイアップシュートを決めて2点をとる

レイアップシュートは、ゴール下まで走り込んで打つので、成功率が高い。シューティングガードも速攻やカットインで、相手をかわして切り込めるときは、アウトサイドからではなくインサイドで確実に得点を決める。

リングに向けて腕をまっすぐ伸ばしてリリースする。

「ボールを置く」ようなイメージでボールを離す。

両足で着地する。

POINT 2

フリーハンドをあげて相手をブロックする

ジャンプしてレイアップシュートの体勢に入ったときに、相手ディフェンスが寄せてきたらフリーハンドでガードする「パワーレイアップ」が効果的。手で相手をブロックすることで自分より高い選手からボールを守る。

ダブルクラッチ
空中のハンドリングでシュートコースを変える

ドリブルから両手にボールを持ち替える。

ボールを持ちながら、片足で上方に踏み切る。

ジャンプしながら、レイアップシュートのように片手で下からボールを持つ。

POINT 1

スピンをかけて
バックボードに当てる

　リング下を通過後に、やや後ろ向きの体勢になりながらシュートを打つという難しいテクニックだ。そのためバックボードに一度当てた方がコントロールしやすい。腕をスイングしながらボールにスピンをかけて狙ったところにボールを当てる。

レイアップシュートと見せかけて相手ブロックを防ぐ

ダブルクラッチはレイアップシュートを打つと見せかけたところから、ボールを1度、自分の体の方に引き寄せて、反対の手で打つシュートテクニック。空中での動作が必要なので、高いジャンプ力やボディバランスが求められる。

再び両手に持ち替えて腰の方に引き寄せる。

半円を描くようにボールを下から上にあげる。

リリースの瞬間、スナップで回転をかけてバックボードにボールを当てる。

POINT 2

サイズの大きい相手をダブルクラッチでかわす

本来は成功率の高いレイアップで打てることがベスト。しかし、サイズの大きい相手が寄せてくればブロックされてしまう。レイアップシュートに見せかけ、空中でシュートの軌道を変えることで相手の手が届かないコースから打つことができる。

ステップバックからのシュート
踏み込んでからさがってシュートを打つ

力強いドリブルでリング
に向かう。

片足を踏み込んでストップ
する。

踏み込んだ足を軸にし
て後方にさがり、ボー
ルを両手に持つ。

**POINT
1**

前に踏み込んでから
後ろにさがる

　後ろにステップを踏むときは、前に一
歩押し込むように出てから、後ろにさが
ることがポイント。ディフェンスは前に
出てきた選手に対して、プレッシャーを
かけようとするので、その逆をついて相
手との間合いを空けることができる。

さがって相手との間合いをとり、シュートを打つ

シューティングガードがスリーポイントエリア付近でボールを持ったら、相手との間合いを考える。一度前に出てからさがり、シュートができるスペースをつくってから打つステップバックからのシュートは武器になる。

を極めて得点力をアップする

後ろにさがったら両足を揃え、リングの位置を確認。

すばやくボールをセットしたら上方にジャンプする。

空中の高い打点でボールをリリース。フォロースルーをとって着地する。

POINT 2

ツマ先をリングに向けてジャンプシュートの体勢に入る

後ろにさがって両足を揃えたら、ツマ先をリングに向けてシュート体勢をつくる。一連の流れをスムーズに行えることがポイント。低い姿勢をキープしながらスピーディーにステップを踏み、ジャンプシュートの動作に入る。

コツ
17
ターンアラウンドシュート
すばやいターンからシュートを放つ

力強いドリブルでリング
に向かう。

足を踏み込んでドリブルを
ストップする。

踏み込んだ足を軸にし
て時計回りにターンす
る。

POINT
1

ターン中に目線をあげて
リングをチェック

　反転動作からすばやくシュートモー
ションに入ることがポイント。そのため
には回転しながらリングをチェックでき
るように目線を上げておく。マークのブ
ロックよりもはやくジャンプに入って、
正確なシュートを打つ。

方向転換からすばやくジャンプシュートを打つ

ターンアラウンドはリングに背中を向けた状態でボールを保持し、軸足を中心に回転して打つテクニック。方向転換からのジャンプシュートが一般的。一度リングから目を切っているのでコントロールが難しい。

フリーフットを大きく踏み出して横に出る。

腰を落としながらリングをチェックし、片足を引き寄せる。

両足を揃えてボールをセットしてシュート動作に入る。

POINT 2

フェイクを入れて相手の逆をつく

ターン方向は時計回り、反時計回りのどちらでも構わない。マークが近くにいる場合は、ターンの寸前に回転方向とは逆に顔を向けて相手の意表をつく。フェイクを入れることで相手の対応が遅れて、ジャンプシュートのチャンスが生まれる。

47

コツ 18 スクープシュート
シュートの軌道を変えてリングを狙う

ドリブルから両手にボールを持ち替える。

ボールを持ちながら、片足で上方に踏み切る。

ジャンプしながらボールを片手で持つ。

POINT 1

サイズの大きい相手に対して意表をつく

　サイズが大きいディフェンスに対して、サイズで劣るシューティングガードがゴールを狙うときに有効なテクニック。ボールの軌道が高く相手にブロックされにくいが、技術的には難しい。手の甲を顔の方に向けると「フローターシュート」になる。

相手のチェックをシュートを浮かせてかわす

スクープショットはゴール前でディフェンスがチェックに入る前に、レイアップシュートのように下からボールを浮かせて打つショット。体がリングに向かっていく動作のため、距離感とコントロールが難しいテクニックだ。

PART2

ボールを手のひらで支えるように下から持つ。

指先とスナップの力でボールに回転をかけてリリースする。

リリースしたら両足で着地する。

POINT 2

指先でスピンをかけてボールの軌道をあげる

スクープシュートはジャンプしながら腕を下から上へ振りあげ、指先でバックスピンをかけて高い軌道のシュートで、ボールをコントロールする。リングに向かいながらも、相手にブロックされない距離感をつかむことが大切だ。

コツ 19 フェイドアウェイシュート

後方にジャンプしながら軸を保って打つ

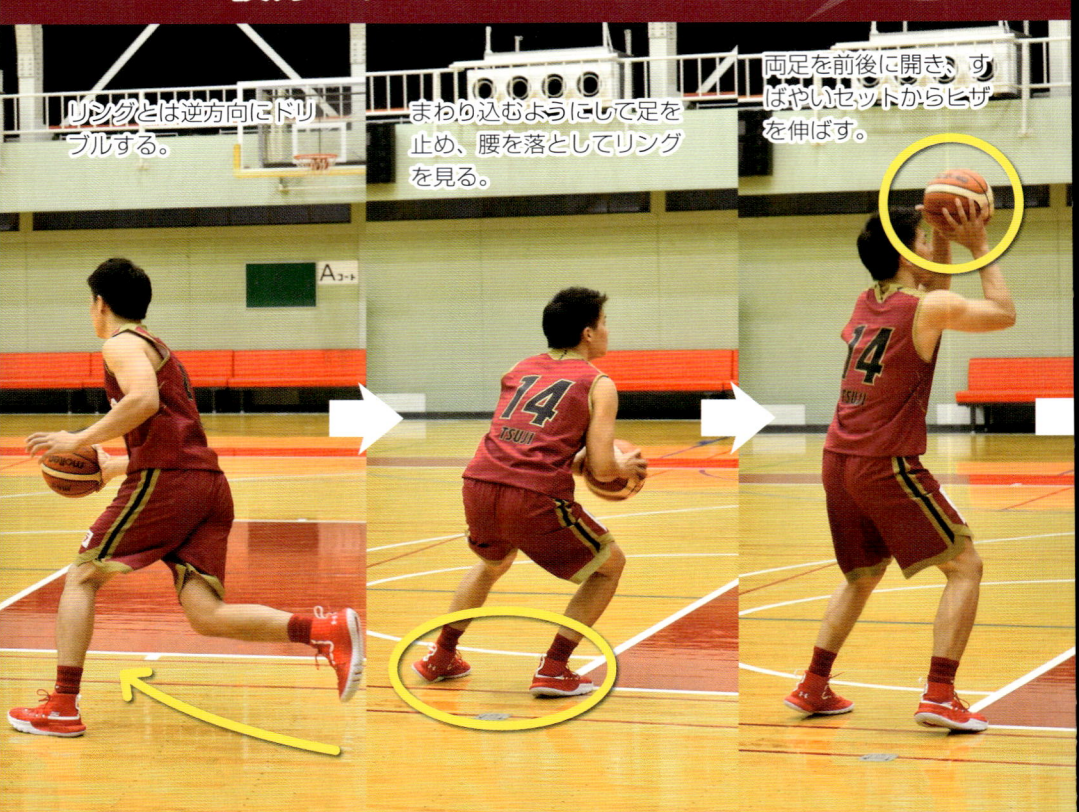

リングとは逆方向にドリブルする。

まわり込むようにして足を止め、腰を落としてリングを見る。

両足を前後に開き、すばやいセットからヒザを伸ばす。

POINT 1

後方にジャンプして
シュートの間合いをとる

　マークと十分な間合いがとれないときは、後方にさがるようなジャンプをすることで、シュートチャンスをつくる。後方にジャンプすることで、ゴールまでの距離が長くなる。距離感を大事にシュートタッチの調整をすることが大事。

後方にさがって相手チェックをかわしてシュート

フェイドアウェイシュートは、後方にさがりながら、ジャンプして打つテクニック。後方にさがった分、ディフェンダーから離れるためシュートチェックやブロックされにくいが、ゴールへの距離感がつかみにくいテクニックだ。

シュートを狭めて得点力をアップする

セットしたまま、後方に向かって踏み切る。

空中でも軸を安定させたまま、ボールをリリースする。

リングに向けてフォロースルーをとって着地する。

POINT
2

体幹の筋肉を使って姿勢を維持する

後方にジャンプすることで、体のバランスは崩れて、軸も保ちにくい。軸がブレてしまうとシュートの正確性が落ち、着地も乱れてしまう。動作中は体幹の筋肉を使って姿勢を維持し、安定したフォームでシュートを打ち、着地する。

キャッチ＆シュート
パスを受けてワンカウントで打つ

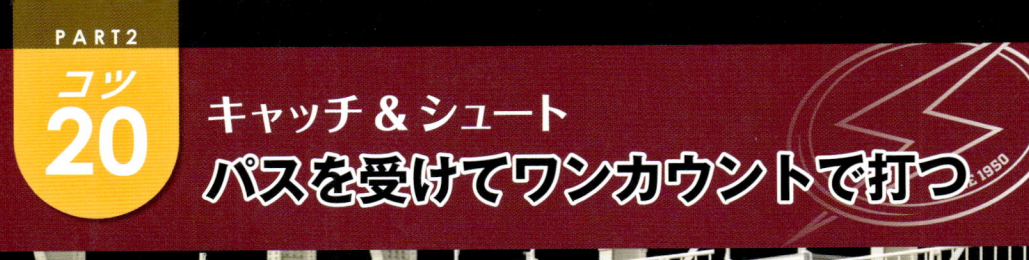

ボールが飛ぶ方向の足に踏み込んで打つ

両足を開いて、右方向からパスを受ける準備。

ボールをキャッチしたら左足を横に踏み出す。

右足を引き寄せながら左足を浮かせる。

パスの出し手方向に足を踏み込んで打つ

パスの出し手に向かって足を運ぶ。

進行方向の足を踏み込むと同時にキャッチ。

後ろ足をクロスさせるように足を継ぐ。

パスに対しての踏み込み足を意識する

　マークをかわした一瞬のスキにシュートを打つためには、ミート動作から、すばやくシュート体勢に入るステップが大切だ。パスのきた方向に対して、どちらに足を踏み込んで打つかでシュートタッチが変わる。

体をホップさせ、両足を揃えて止まる。

すばやいセットからジャンプし、シュート動作に入る。

リングに向かってリリースして着地する。

得点力をアップする

交差した足を横に出したときに、腰を落としてリングを見る。

セットから真上にジャンプし、シュート動作に入る。

リングに向かってリリースする。

53

シューティングガードに合った
シューズ選びを考える

　バスケットシューズは、プレイヤーが自分で選んで使用する唯一のアイテムだ。足元はシュートタッチにも関わる大事な要素なので、シューティングガードの辻選手としても強いこだわりがある。

　シューズを履いたときのフィット感に優れ、足首がガードされたハイカットモデルを愛用している。シューティングガードとしては、床に足がしっかりグリップすることを念頭に、細かいステップや左右の動きの重心移動などをスムーズに行えるシューズを好んでいるという。

　シューズの種類は様々で、機能性や好みなどでどれを選ぶかよく考えることが大事。インソールのクッション性やツマ先やカカトのフィット感など履いたときの相性の良さもシューズ選びのポイントだ。

3

シュートを打つために
フリーになる

コツ
21 ポジショニング
アウトサイドを中心に得点にからむプレーをする

マークする相手と駆け引きしながら、タイミングよくフリーになることが求められる。

タイミング良くフリーになり、スリーポイントを狙う

シューティングガードのポジショニングをオフェンス面から見ると、マッチアップする相手との位置関係やフロアバランスなど、多くのことを頭に入れてプレーしなければならない。シューティングガードがオフェンスで重要な役割を担っていることを考えれば、相手が簡単にフリーにしてくれるとは考えにくい。

一瞬のチャンスでフリーになり、どこにポジショニングするかで、狙うシュートテクニックが変わってくる。特に武器となるスリーポイントシュートを打つためには、いかにアウトサイドでフリーになるかがポイントだ。

POINT 1

スピードとテクニックで
オフェンスを組み立てる

　スピードがあるシューティングガードにとって、スリーポイントラインより内側は外から切り込んでのシュートやパスの出し入れができるスペースだ。味方選手との連携でシュートが外からだけではないと印象づけることが大切だ。

POINT 2

一瞬のスキやスペースを
見つけてライン上に出る

　アウトサイドはスリーポイントを狙ううえで大事なエリア。最初からライン上にポジショニングしていても、フリーでボールを受けることは難しい。味方オフェンスのパスまわしに参加しつつ、一瞬のスキやスペースを見つける。

POINT 3

献身的なプレーで
オフェンスをけん引する

　ボールがこなくてもコーナーまで走って自分のマークを引きつけたり、フロアバランスを考えて味方選手と相手選手のミスマッチをつくるなど、コート全体をふかんでとらえてプレー。オフェンスリバウンド時には、体を張って相手を防ぐ。

+1 アドバイス

相手と味方のポジショニングを
頭に入れてプレーする

　ボールを持ったときの自分のプレーでオフェンスの方向性が決まる。リングに向かうプレーで味方にフリーをつくったり、シュートモーションからパスをするなど、常にディフェンスと味方選手の位置関係・ポジショニングを頭に入れてプレーする。

駆け引き
個人・チームでフリーの状況をつくる

ボールマンと同一サイドにいる場合、相手は簡単にフリーにはさせてくれない。

マークを振り切ってシュートチャンスをつくる

チームがボールを持ったオフェンスでは、シューティングガードはマークを振り切ってフリーになることが大事。しかしフロントコートに入ったシュートエリアでは、リングを向いてボールを持つことが簡単にはできないため、相手との駆け引きが必要になる。

オフェンスの流れのなかで、最も確率が高いシュートはレイアップシュート。ただし、シューティングガードはアウトサイドからのスリーポイントを打つこともオフェンス戦術上は必要だ。個人技やスクリーンプレーを駆使して、フリーになるための動き出しをする。

味方スクリーンの
横をすり抜ける

　シューティングガードがオフェンスでフリーになるためには、スクリーンプレーが効果的。スクリーンに入った味方選手の横をドリブルやランですり抜ける。マークを振り切ったらすばやくシュート体勢に入り、リングを狙う。

相手の特徴を考えて
マッチアップを制する

　自分がボールを保持している場合は、ドリブルやフェイントを巧みに使って、相手をかわす。マークしている相手の特徴やマッチアップの力関係を考えて、積極的に仕掛けていくのか、味方選手を使うパスを出すのか判断する。

フェイクを入れてから
動き出してフリーになる

　ボールを持っていなくても、マークは自分をケアしている。ボールを受けに入るタイミングで、フェイントを入れてから動き出すことでマークをかわすことができる。勝負どころでタイミングよく動き出せるよう味方とタイミングを合わせる。

＋1 アドバイス

相手との駆け引きに
勝ってシュートを決める

　ゲームを通じて、マークマンとマッチアップしながら駆け引きを繰り返す。ゲーム中は時間や状況を考えてプレーすることが大事。勝負所で得点が欲しいタイミングでフリーになり、確実に決めることができるシューティングガードになろう。

コツ 23 スクリーンプレー①
スクリーンの横をすり抜けてフリーになる

スクリーナーの横を通過。相手が内側を切ってきたら外に開いてシュートを打つ。

POINT 1

先に動き出して
遠いところでパスを受ける

　相手が密着マークしているときは、自由にプレーができない。ブロックしながら間合いをとり、パスがもらえるタイミングに合せて動き出す。相手をかわすことがてきたらボールを受ける態勢に入り、キャッチからすばやくシュートを打つ。

スクリーナーを使ってキャッチ & シュートにつなげる

スクリーンプレーをうまく使ってフリーになることがシュートチャンスにつながる。マークが密着している場合は、タイミングよく抜け出し、スクリーンの横をすり抜けてフリーになり、キャッチ & シュートにつなげる。

密着する相手と離れたら、一気に加速してスクリーナーの横へ走る。

POINT 2

アウトサイドでボールを受けてスリーポイントを狙う

先に動き出すことができれば、マークが追いかけてくるコースを考えて遠い位置でボールを受ける。パスを受けたら、すばやくシュートモーションに入る。スリーポイントラインを意識して確実に 3 点を狙うプレーを心がける。

スクリーンプレー②
走るコースを変えてフリーのチャンスを広げる

相手から離れたらスクリーナーの
横を走り抜ける。

POINT
1

追い掛けてくるコースを
見てシュート位置を決める

　スクリーナーの横を通り抜けてフリー
になったら、コーナー、45度、正面な
どシュートポジションに選択肢がある。
相手かスクリーンの内側、外側のどちら
から追いかけてくるかチェックして、よ
り遠い位置でシュートを打つことが確率
のアップにつながる。

※さしつかえなければご記入ください。

お買い上げの 本の題名	
あなたのお名前 男・女　　歳	お買い求め先(書店,生協,その他)
ご住所 〒 Tel. Fax.　　　　　　e-mail	

※こちら（http://www.mates-publishing.co.jp/voice）からも承っております。

本書のご感想、あなたの知っているとっておきの情報、お読みになりたいテーマなど、なんでもお聞かせください。
※こちら（http://www.mates-publishing.co.jp/voice）からも承っております。

....

....

....

....

....

....

....

....

....

....

....

....

....

ありがとうございました。

相手の対応を見てボールを受ける位置を変える

スクリーンプレーに対し、ディフェンスも対応してくる。シューティングガードとしては、フリーになった機会を逃したくないところ。相手が追いかけてくるコースを考えて、ボールを受ける位置を変えてシュートを打つ。

相手が自分と同じコースで走ってきたら、スクリーナーの横にまわり込んで距離をとりシュート動作に入る。

POINT 2

足を止めて落ち着いてシュートを打つ

　ボールを受けたら足を揃えてストップし、シュートモーションに入ることが大切。相手のシュートチェックが遅ければ、落ち着いてシュートを打つ。思ったよりもディフェンスが追いついてきたら、一度シュートフェイントを入れて相手をかわしてから狙うことも有効。

コツ 25 ミート

両手をあげてボールを受ける体勢になる

ボールマンの状況を
チェック。

走りながらハンズアップする。

両手をあげて
ミートする。

POINT 1

タイミング良く手を
伸ばしてミート動作する

　「ミート」はパス受ける前の予備動作
となる。ボールを受けに行くイメージで、
出し手に自分の手を開いてパスを要求す
る。この動作は、タイミングよく行うこ
とが大事。フリーになった瞬間に、手を
伸ばしてボールを受けに入る。

「ミート」からボールを受けてシュート体勢に入る

キャッチ＆シュートはシューティングガードが得意なプレーのひとつ。最も確率が高いこのプレーにいかに持ち込むかがポイント。そのためには正確なキャッチと捕球の意思表示をするためのミートが大切だ。

ボールをよくみて手を伸ばす。

キャッチしたらながら体の向きを変える。

リングに体を向ける。

フリーになる

POINT 2

キャッチからのすばやい足運びで瞬時に次の動作に入る

ミートからボールを受けて、すばやく次の動作に移る。ボールを受ける前に周辺の状況をチェックしておき、キャッチと同時にドリブルやパス、シュートなどのプレーに移る。そのためにはボールを受けた瞬間からの足運びもポイントになる。

走り出す前の予備動作
進行方向とは逆に踏み込んで相手を誘う

ボールマンをチェックする。　　軽くホップしてから動き出す。　　左足に重心をかける。

POINT
1

相手のスキを見て
フェイクから動き出す

　マークと対峙したときに、走り込む逆の方向に一瞬、踏み込んでからスタートを切る。踏み込むことでマークは逆をつかれて一歩遅れてしまう。マークマンはボールマンも視野に入れていることを頭に入れて駆け引きしながら動き出す。

フェイクからの動き出しで相手をかわす

オフェンスでボールがフロントコートにある場合は、相手のマークマンはシューティングガードを簡単にフリーにはさせてくれない。ボール保持者と近いボールサイドにいるときは、相手をフェイクでかわす動き出しが必要だ。

すばやく重心移動して右方向に動き出す。

大きく踏み出し相手と距離をとる。

相手が追い掛けてくるコースをチェックする。

つためにフリーになる

POINT 2

工夫がないプレーでは
オフェンス機会を失う

駆け引きやフェイクもせず、相手ディフェンスに対応されてしまうとフリーになることは難しい。スクリーンに入った味方選手のオフェンス機会を減らすダメージもある。24秒という限られた時間内に攻撃を成功させるためにプレーをしよう。

コツ 27 シュートフェイク
瞬間的な動作でシュートを打つ間をつくる

ヒザを沈み込ませたシュートフェイク

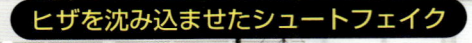

ボールを両手に持って、足を開いてリングを見る。

ヒザを沈めて腰を落とす。

ヒザを伸ばしてセットに入るようなフェイク動作をする。

POINT 1

ヒザを一度曲げてから再度シュートモーションに入る

　シュートが打てる間合いでボールを持ったら、ヒザを曲げて腰を落とす。マークが間合いに入りきっていなければ、遠くからでもシュートチェックしてくるはずだ。ヒザを曲げてフェイクを入れてから、再度シュート動作に入ることで相手をかわす。

シュートフェイクを入れてチェックにきた相手をかわす

守備の基本は簡単にシュートを打たせないことだ。シューティングガードという得点源がシュート動作に入れば、ディフェンスは全力で防がなければならない。その動きを利用することで、有利なオフェンス機会をつくる。

ボールをあげるシュートフェイク

ヒザを曲げて腰を落としセットに入る。

セットした状態からボールを上にあげてシュート動作に入る。

あげた手を戻してディフェンスのタイミングを外す。

POINT 2

手をあげたフェイクから
シュートモーションに入る

ディフェンスでは、ボールに対して手を伸ばしブロックすることが鉄則。シュートシーンでボールを持った手をあげれば、相手はジャンプしてシュートチェックにくる。手を一旦あげてから、再度シュートモーションに入ることで相手をかわす。

シュートフェイクからのドリブル
相手の目線をあげてドリブルで切り込む

ボールを両手に持って、足を開いてリングを見る。

ヒザを沈めて腰を落とす。

相手がシュートを警戒して手と体を伸ばしてきたら、体を空いているスペースに向ける。

POINT 1

「シュートを打つ」という動作から進行方向にボールをつく

　相手はシュートを打たせまいとして、全力でチェックしてくる。シューティングガードは、まさにシュートを打つと見せかけてボールを持った手をあげたところから、すばやくボールを進行方向について、ドリブルをスタートする。

シュートフェイクからインサイドにドリブルを仕掛ける

シュートフェイクからのドリブルでインサイドに侵入すれば、より確率が高いプレーが選択できる。自ら切り込んでのレイアップシュートをはじめ、フリーの選手へのパスなど、得点チャンスが広がるプレーを意識する。

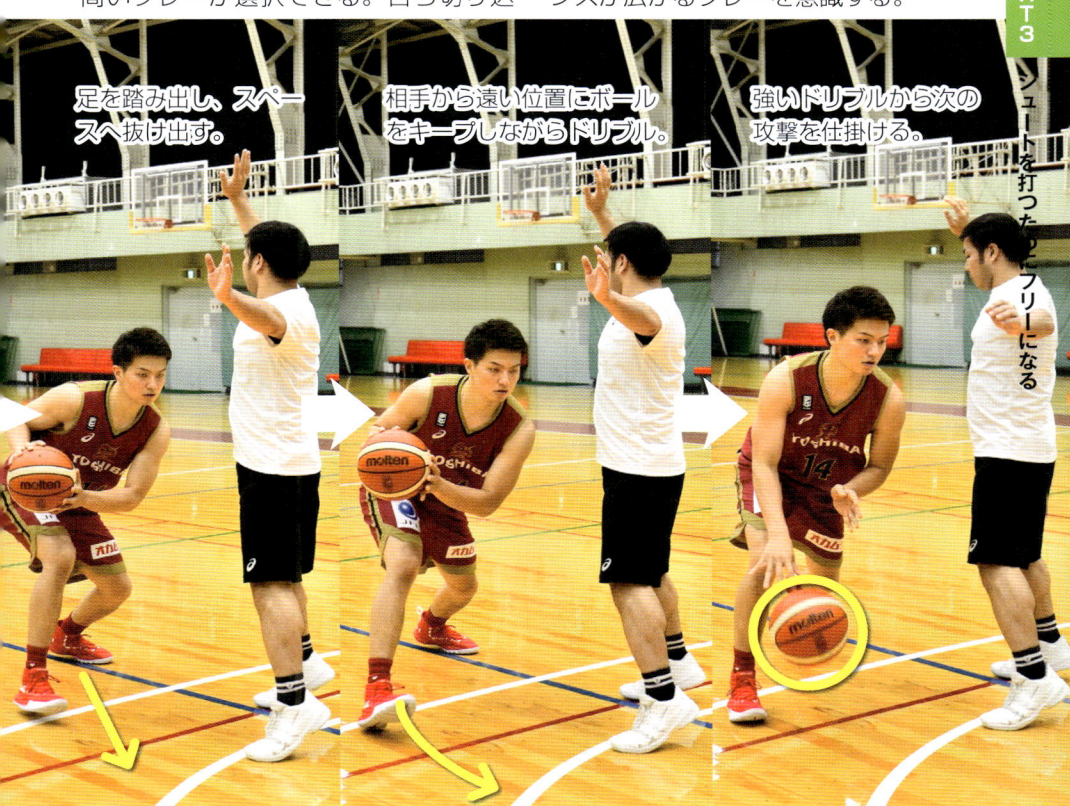

足を踏み出し、スペースへ抜け出す。

相手から遠い位置にボールをキープしながらドリブル。

強いドリブルから次の攻撃を仕掛ける。

POINT 2

インサイドの状況を判断してオフェンスを続ける

相手はリングとボールの間に、手を伸ばしてチェックしてくる。相手とぶつからないよう角度を変えて、シュートフェイクからボールをつく。インサイドの状況をみてドリブルで切り込むのか、再びシュート動作には入るのか判断する。

1対1の距離感
自分の間合いからオフェンスを仕掛ける

シュートを打つには、相手が手を伸ばしても届かない距離が理想。シュート動作が速いほど、それほど間合いは必要なくなる。

相手の動きをチェックして優位な間合いをつくる

　ボールを保持しているときは、できるだけマークから遠いところにボールを置く。相手が正面に入ってきたら、ボールハンドリングでフェイクを入れながら、相手の動きをしっかりチェックして、自分に優位な間合いをつくり出す。

　ドリブルをしているときは、低く強いボールを意識してつくことを心がける。ディフェンス側からすると、スティールしやすいのが1アームの距離だ。相手とのマッチアップで1アームの距離に入ったら、簡単にボールを前に出さず、弾みが大きくなるクロスオーバーなどは避けた方が良いだろう。

低く強くついて
手からボールを離さない

　ドリブルやステップを踏んだときに、ボールが相手側やフリーフットの方に出てしまうとスティールされやすい。ボールは相手から遠い方に置くことが基本。ドリブルは低く強いボールで手から離れている時間を短くする。

相手に密着されても
局面を打開する

　ボールを保持しているときは、相手は激しいマークで密着してくる。リングを背にした状況からドライブを仕掛けたり、空いている味方にパスを出せるボールハンドリングが大切。何もできないとボールを持つ機会が少なくなってしまう。

ハンドリングのフェイクで
相手の反応をチェック

　ハンドリングでフェイクを入れながら、相手の反応を見て、自分に優位な間合いをつくる。ボールを大きく動かし過ぎないことがポイント。大きく頭上まで持っていくと、ドライブやパスを使うときに時間が掛かり過ぎてしまう。

シューティングガードとして
積み上げてきた経験を生かす

　大事な試合になれはなるほど、シューティングガードには、「得点を決めなければならない」「シュートが入らなかったらどうしよう」という緊張や不安が襲ってくる。

　日本を代表するシューティングガードの辻選手ですら例外ではない。そのようなときほど、今まで自分の行ってきたことを信じ、積み重ねてきた経験を自信に変えることが大事。自分を信じ、チームの仲間を信じる前向きな姿勢が勝利へのカギとなる。

　もし「自分には足りない」という要素があるならば、日頃の練習量を多くしてカバーすることが大切。迷いが生じないほど練習に没頭し、それが試合のプレーに結果としてつながったとき、バスケットボールプレイヤーとして大きく成長することかできる。

マークを徹底して
守備でチームに貢献する

シューティングガードのディフェンス
相手の得点源を抑えてディフェンスで活躍する

自分がマークする相手をしっかり
抑えることで、ディフェンス面で
チームに貢献する。

相手 SG を抑えることで守備に貢献する

　シューティングガードのオフェンスで
の役割は、第一に「得点をとる」ことだ
が、ディフェンスでは相手のシューティ
ングガードを自由にさせないようプレー
することが大事。相手がボールを持った
らすばやく体を寄せ、シュートモーショ
ンになったら、シュートチェックに入っ

てゴールを防がなければならない。
　そのためにはフットワークのスピード
や巧さ、フィジカルの強さはもちろん、
ボールの位置や状況によってのディフェ
ンスのつき方を考え、相手のオフェンス
のピック＆ロール対応策を理解してお
くことがポイントだ。

フットワークを磨いて
相手を自由にさせない

　マッチアップする相手によっては、スピードあるドリブルや巧みなフェイントで駆け引きをしてくる。できるだけシューターである相手をフリーにせず、ボールを持ったらすばやく体を寄せられるフットワークを磨くことが大切だ。

献身的なディフェンスで
味方のオフェンス機会をつくる

　マッチアップする相手は、得点源であるシューティングガード。その選手を抑えることで、相手チームのオフェンスリズムを狂わすことができる。しっかり献身的なディフェンスをすることにより、自チームのオフェンス機会が増える。

ボールがどこにあるかで
マークのつき方を変える

　ボール保持者がいるサイドを「ボールサイド」、逆側を「ヘルプサイド」という。ボールサイドにいるときはタイトにマークし、ヘルプサイドにいるときは、やや距離を置いて味方ディフェンスのフォローやマークマンの動き出しに対応する。

プラス ワン アドバイス

オフェンス戦術に対して
個人・チーム組織で守る

　相手はシューターであるマークマンをフリーにさせるために、オフェンス時にはスクリーンプレーを仕掛けてくる。特にゴールに直結するピック＆ロールには、いくつかの対応策を用意し、個人・チームで守らなければならない。

マークとの間合い
状況に応じたディフェンスで相手につく

マークする相手に対してすばや
くプレッシャーをかけ、自由に
オフェンスプレーをさせない。

手が届くくらいの間合いで腰を落として構える

　ボール保持者に対しては、「1アーム」
という、腕が相手に届くぐらいの間合い
で腰を落とすのが基本。マッチアップす
る相手の利き腕側に行かせないようにポ
ジショニングすること。相手に対して足
を前後させて構え、前足側の手をハンズ
アップし、もう一方の手をやや下にさげ

て、手の平を向ける。
　ボールに向けた手は、自由なボールハ
ンドリングをさせないために、しっかり
あげてプレッシャーをかける。このとき
スタンスは肩幅よりやや広く、前後左右
の動きに対応できるように、母指球に重
心を乗せておくことがポイントだ。

POINT 1

1アームの間合いで
マッチアップする

　相手がボールを持ったら、すばやく1アームの距離に体を寄せる。間合いが遠すぎたり、近すぎたりすると相手の動き出しについていけないので注意。マッチアップする相手の動作をよく見て、常に適正な間合いをキープしよう。

POINT 2

マークがシュート動作に
入ったらブロックに行く

　相手がドリブルを仕掛けてきたら、腰を低くして1アームの距離をキープしながらディフェンスする。パスしようとするならパスコースに腕を伸ばし、シュートモーションに入ったら、シュートチェックでブロックを試みる。

POINT 3

相手の動きにあわせて
ディフェンスの体勢を変える

　相手オフェンスや味方ディフェンスの位置を確認しながら、ボールマンのマークにつく。1対1の場面では相手のフェイントやスピードにしっかり対応してマークを続けることが大事。マークをフリーにするためのスクリーンにも注意する。

+1 アドバイス

相手がシュートを打ちにくい
エリアに誘導する

　マークする相手の利き腕とは逆方向に進むよう、片足を引いて構える。攻撃方向に対して、コート片側に相手を追い込むディフェンスが有効。相手はディフェンスから遠い手でボールを持たなければならず、シュートコースを制限できる。

ディナイ
腕を伸ばしてマークへのパスを阻止する

マークする相手がボールを持っていなくても、パスを受けさせないディフェンスが求められる。

マークする選手とボールマンを同時にチェックする

シューティングガードがマークするのは、相手チームにとっても得点源の選手だけに、フリーにさせて簡単にプレーさせるわけにはいかない。

ディナイはオフェンス側のパスコースを手や体を使ってさえぎる動作。自分がマークしている選手とボールを持っている選手の位置関係を把握しつつ、パスコースにボールを通されないように腕を伸ばす。自分がマークしている選手とは、対面した状態を保ち、パスの出し手となるボールを持つ選手を肩越しに注視する。このポジショニングが的確でないと、相手をフリーにする危険がある。

POINT 1

ボールサイドとヘルプサイドでマークのつき方を変える

マークする選手がボールサイドにいない場合は、パスを遮るようなディナイは必要ない。コートを縦に半分に分け、ボールがあるエリアを「ボールサイド」、ボールがないエリアを「ヘルプサイト」という考え方でマークにつく。

POINT 2

ボールマンばかり見ているとマークする選手をフリーにする

ボールマンばかりに意識が行き過ぎると、自分のマークを外してしまうことになる。かといって相手との間合いが近すぎると、動き出しが遅れて裏のスペースへのパスが通ってしまう。マークとボールマンを広い視野でとらえる。

POINT 3

マークする相手と距離を空け過ぎない

ヘルプサイドでも相手と距離が開きすぎると、対応することができない。相手選手が手を伸ばしたところや足元に簡単にパスを通されてしまう。相手が自由に動けないように、適度な距離をとり続けカバーする。

+1 アドバイス

腕を伸ばして手でパスコースをさえぎる

マークしている選手の方へ体を向けて、パスコースへ腕を伸ばし、手でさえぎる姿勢になる。肩越しにボールを持つ選手を見ながら、ボールの行方もチェック。次のプレーに備えつつ、マークマンとの適度な距離を維持する。

コツ 33 ピック＆ロール対策①ファイトオーバー
スクリーナーの間に体を入れてマークを続ける

相手の圧力に対して、腰を落として当たり負けしない。

ディナイしながら、パスコースをふさぐ。

POINT 1

味方と連携しながら
状況を判断する

　ボールマンをマークしているときに、ボールを保持していない選手がスクリーンを仕掛け、動きを制限してくる。スクリーンをかけられたときは、スクリーナーをマークしていた味方選手と連携しつつ、すばやく状況判断して対応する。

スクリーンプレーに対応するディフェンス策を用意する

オフェンス戦術のひとつである「ピック＆ロール」など、相手のスクリーンプレーには、事前に対応策を用意しておく。ディフェンスチームは、声を掛け合い相手の動きに対応することで、マークマンを自由にさせず守る。

スクリーナーにブロックされないように足を踏み込み、体を入れる。

スクリーナーとマークする相手の間に体が入れば成功。

連携して守備でチームに貢献する

POINT 2

体をねじ込んでボールマンにつく

ファイトオーバーはスクリーンを仕掛けられた選手が、スクリーナーとボールマンの間に体をねじ込んで、スクリーナーをまたぐようにしてランの進路を確保する。体をねじ込んでボールマンにつくため、当たり負けしない体の強さが必要。

ピック＆ロール対策②アンダー
スクリーナーの後ろを通ってマークを継続する

マークしながらスクリーナーの位置を確認する。

スクリーナーを挟んでマークする相手とは、違うコースをまわって追いかける。

POINT 1

味方選手と連携してマークを継続する

　アンダーは、スクリーナーをマークする選手がランのスペースをつくり、ボールマンをマークする選手は、スクリーナーと味方選手の間を通ってマークを継続する。スクリーンを仕掛けられた選手とスクリーナーをマークする選手の連携がポイント。

最短コースを通ってマークマンに追いすがる

スクリーンが機能してマークマンから離れてしまったら、ファイトオーバーとは違う進路でマークマンに追いすがる。スクリーナーをマークする選手は、味方の走路を確保するため、少し下がったところにポジショニングする。

ディナイしながらマークを続ける。

POINT 2

しっかりストップして腰を落としてマークにつく

　ランのコースを変えて、マークマンを追いかけたら、ハンズアップしながら相手との距離をつめていく。遅れた分を取り戻そうと、飛び込んでしまうと相手にかわされてしまう。しっかりストップして腰を落とし、再びマークにつく。

ピック＆ロール対策③スイッチ＆ショー
ミスマッチに気をつけて粘り強くディフェンスする

スイッチディフェンス例

相手チームのスクリーンプレーによってマークにズレが生じる。このときスクリーナーのマークマンが臨機応変に対応することがポイント。

スクリーナーの
マークB

スクリーナー

ボールマン

ボールマンの
マークA

ー 相手選手の動き
ー 味方選手の動き

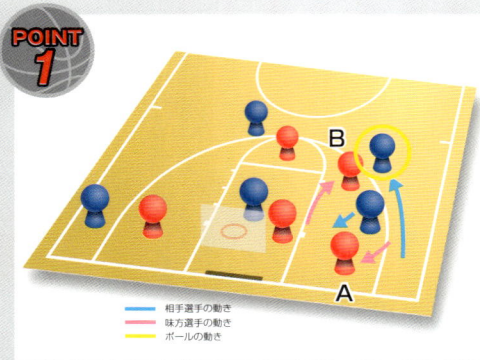

POINT 1

相手選手の動き
味方選手の動き
ボールの動き

マークを入れ替わり
相手オフェンスに対応する

ボールマンとスクリーナーのマークを交換するのがスイッチ。スクリーナーのマークが声を掛けてディフェンスの連携をはかる。ＡとＢが入れ替わったときのマークマンとのスピードや身長のミスマッチに注意。

相手の動きを見ながらマークを入れ替える

「ファイトオーバー」や「アンダー」でもマークの継続が難しい状況では、スクリーナーをマークする選手と連携して、ボールマンにプレッシャーをかける。新たにマッチアップする相手とのミスマッチに気をつけて守る。

ショーディフェンス例

相手チームのスクリーンプレーが機能しそうなときは、スクリーナーのマークマンがマークを切り替えて、ボールマンに対してプレッシャーをかける。

- スクリーナー
- スクリーナーのマークB
- ボールマン
- ボールマンのマークA

━━ 相手選手の動き
━━ 味方選手の動き

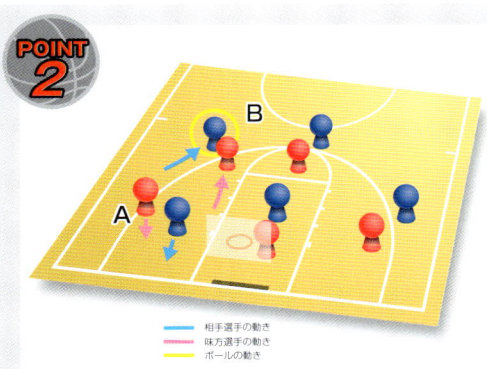

POINT 2

スクリーナーのマークマンが積極的にプレスする

ショーは、スクリーナーをマークする選手がスイッチするようにボールマンにつき、プレッシャーをかける。ボールマンがヘジテイトして一旦後ろにさがれば成功。そこからの連携で元のマークに戻るか、スイッチのままディフェンス。

━━ 相手選手の動き
━━ 味方選手の動き
━━ ボールの動き

87

ボックスアウト
マークを腰で抑えてリバウンドをとる

ボールの行方を見極めて
マークする相手と対峙する。

腰を落としてバンプし、相
手のバランスを崩す。

リバウンドボールの
落ちそうな位置を
チェックする。

POINT 1

体を当てて
相手の動きを制する

　相手の行きたい方向を予測しながら、
動作を封じる。ボックスアウトに入る前
には、相手に体を当てて動きを制するこ
とがポイント。ボールの軌道をチェック
しながら、ヒジを張ってリバウンドボー
ルをキャッチする準備に入る。

相手にリバウンドさせない体勢をつくる

ボックスアウトはマークする選手にリバウンドができる位置に入れないポジショニングのテクニック。できるだけマークマンをリングから遠ざけ、自分の腰と背中でガード。相手にジャンプさせない体勢をつくることがポイント。

腕と腰を当てて、相手に押し負けないようブロックする。

リバウンドボールに対して、先に反応できるスペースを確保する。

POINT 2

腰で相手の動きをコントロールする

　マークマンの太モモを腰と背中で抑えるようなイメージを持つ。しっかり体勢が整えば、相手はうまくジャンプすることができずリバウンドができない。ファウルにならないよう体を密着させ、相手の動きをコントロールする。

具体的な目標を設定して 大きなゴールを目指す

　自分のプレーに対して具体的な目標設定を行うことで、モチベーションの向上や維持につなげていくことができる。辻選手の場合、シーズンでのスリーポイントシュート成功率を41％以上にすることを目標に設定して、常にチームの勝利とシューティングガードとしてのトップの成績を意識している。

　ポジションに関わらず「フリースローは90％以上」、「マークマンよりリバウンド数で上回る」など、攻守において具体的なテーマと数字を決めてゴールを設定する。数字を意識することで結果が伴わない場合、どうすれば良いかという課題も見えてくる。ゲームでうまくいった点、うまくいかなかった点を日々の練習にフィードバックしていく。

PART

5

シューティングガードが
活躍するオフェンス

コツ 36
シューティングガードのオフェンスシーン
相手にとって嫌なオフェンスをイメージしてプレーする

チームのオフェンスをけん引する役割として、積極的にプレーすることが大事。

時間を上手に使ってゲームを優位に進める

シューティングガードは相手にとって、嫌な守りをさせる役割でもある。アウトナンバーであればゴールに向かってアタックを仕掛け、ディフェンスの陣形を見ながらパスやフリーランニングで味方を生かすプレーも考える。

そのなかでシューティングガードが、

どのタイミングでシュートを打ち、チームに勢いや勝利をもたらせば良いのかイメージしておくことが大切。残り時間が数秒で1点差・2点差で負けているようなときは、早めにフリーになってアタックすることが必要。3点差ならば3ポイントシュートが絶対条件となる。

POINT 1

切り込んでシュートや
効果的なパスを出す

　インサイドに切り込んでいくプレーも有効。マッチアップしている選手がインサイドのプレイヤーであれば、ゴールにアタックするのがベスト。切り込んでからのシュートやシュートと見せかけてのパスなど、ベストなオプションを選択する。

POINT 2

できるだけ自分のタイミングで
シュートを打つ

　3ポイントシュートでの得点は、シューティングガードに求められる大事なオフェンスオプションだ。相手のディフェンスが良く、時間がギリギリになってしまうと、自分のタイミングでなくても打たされる状況になってしまうので注意。

POINT 3

速攻場面でディフェンスの
嫌な動きをする

　速攻でセイムナンバーの状況では、シューティングガードが広がってコーナーまで走ることで、相手を引き寄せることができる。味方がもう一人走ってくればアウトナンバーになりチャンスが広がり、セカンダリーブレイクにつながる。

+1 アドバイス

相手と駆け引きで
スクリーンを成功させる

一歩目を速くして相手より先に動き出し、スピードの強弱やフェイクで相手を惑わすことでスクリーンプレーの成功率をあげる。スクリーンに相手を当てるための走るコースも大事。ディフェンスの対応を見ながら次のプレーを判断する。

コツ 37 ファストブレイクからの攻撃
ゴール下でパスを受け確実に決める

ファストブレイク例

ファストブレイクでも相手ディフェンスがしっかり戻っていれば、セイムナンバーになってしまう。自分や味方が動くことで、次にどこのスペースが空くのか予測する。

PG

バックコートのポイントガードからすばやいパスが入る。このとき逆サイドにいるパワーフォワードがゴール下まで走り込む。

SG

PF

SF

■ 相手選手の動き
■ 味方選手の動き
■ ボールの動き

タイミングを見て
インサイドに走り込む

シューティングガードは、フロントコートから、全力でコーナー付近を目掛けて走り込む。そうすることでマークの意識を一旦、外に引きつける。相手がボールマンをチェックしている隙に、タイミングを見てインサイドに走り込む。

速攻を仕掛けて数的優位をつくる

ファストブレイクは、最も得点の可能性が高いオフェンス。マイボールになると判断したら、すばやくフロントコートに走り、相手や味方の位置、スペースをチェックしながら、数的優位の状況をつくり出す。

ボールを持っているスモールフォワードは、ドライブせず走り込んできたシューティングガードにバウンズパスを出す。

SF

SG

PF

	相手選手の動き
	味方選手の動き
	ボールの動き

POINT 2

味方がつくったスペースに走り込んでパスを受ける

パワーフォワードが走り込んだことにより、背後にできたスペースで、シューティングガードはパスを受ける。ドリブルをついてからのシュートでリングを狙う。ノーマークなら確実なレイアップシュートで狙う。

コツ 38 セカンダリーブレイクからの攻撃
コーナーにいくと見せかけて45度から打つ

セカンダリーブレイク例

セカンダリーブレイクでは、ディフェンスの数は揃っているものの、マークを確認したり、相手チームのオフェンスに対し、受けにまわってしまうシーンがある。フリーのチャンスがあれば積極的にシュートを狙う。

コーナーに入るような動き出しから、一転して45度あたりへ向かう。相手がフェイクにかかればチャンスになる。

PF

SG

━━━ 相手選手の動き
━━━ 味方選手の動き
━━━ ボールの動き

POINT 1

スクリーンを使って
マークとの距離をとる

　トップから降りてきたパワーフォワードとスイッチしてパスを受ける。このときパワーフォワードは、スクリーナーとなりマークマンの進路をふさぐ。シューティングガードは、その横を通って45度付近ですばやくシュートモーションに入る。

マークをかわしてスリーポイントシュートを狙う

ファストブレイクで攻撃がうまくいかなくても、セカンダリーブレイクによって十分にオフェンス機会は残されている。相手をうまくかわすことができたら、すばやいシュートモーションでスリーポイントを狙う。

スクリーナーのPFから、ボールを受けたら進行方向の足を踏み込んで相手との距離をとり、もう片足を寄せて2カウントでシュートを打つ。

SG
PF

――― 相手選手の動き
――― 味方選手の動き
――― ボールの動き

POINT
2

相手や味方の位置を考えてベストのプレーを選ぶ

落ち着いてシュートを狙える状況がベスト。シュートチェックが厳しいようなら、トップにいる選手へのパスも有効だ。24秒ルール内の残された時間をうまく使いながら、相手に「打たされた」ようなシュートだけは避ける。

シューティングガードからのアシスト
パスを駆使して味方の得点をアシストする

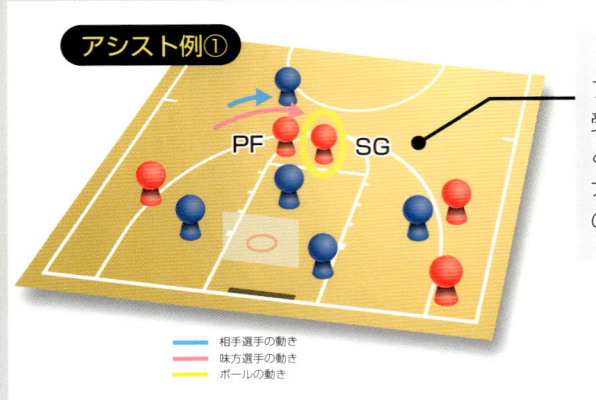

アシスト例①

PF　SG

相手選手の動き
味方選手の動き
ボールの動き

シューティングガードがパワーフォワードからハンドオフでパスを受け、インサイドに進入する。このときパワーフォワードは、スクリーナーとなってシューティングガードのマークマンの進行を防ぐ。

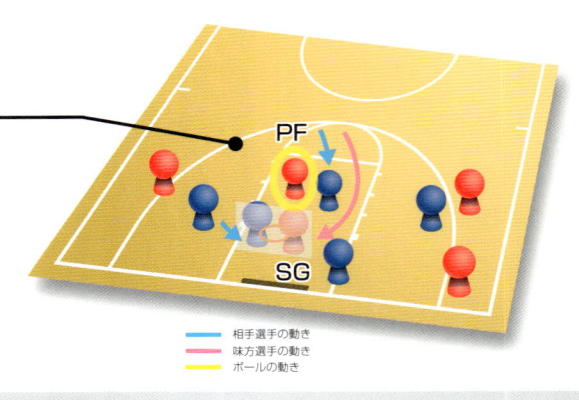

PF

SG

相手選手の動き
味方選手の動き
ボールの動き

シューティングガードはゴール下までドリブルで進入。リングに向かうことで相手ディフェンスの意識を引きつけ、背後のサポートに入ったパワーフォワードにノールックのパスでアシストする。

POINT 1

相手ディフェンスと味方の位置を把握して切り込む

　低く・強く、進行方向にボールを運びながらドリブル。そこから自らシュートに行くか、アシストするのか判断することがポイントになる。相手ディフェンスの寄せ方や味方のポジショニングを常に把握してプレーすることが求められる。

リングに向かって仕掛けて味方にアシストする

シューターがボールを持てば、相手は「簡単にシュートを打たせない」というディフェンスにシフトする。自分がボールを持ったときに味方を生かすパスを意識することで、高い確率で得点することができる。

アシスト例②

ボールを持ったシューティングガードは、スクリーンプレーを使ってドリブル。フリースペースに切り込んで相手ディフェンスの意識を集中させる。

危険なスペースに進入することで、相手ディフェンスは対応してくる。その裏をついて外に開いているPGにパスを送って、フリーでシュートを打たせる。

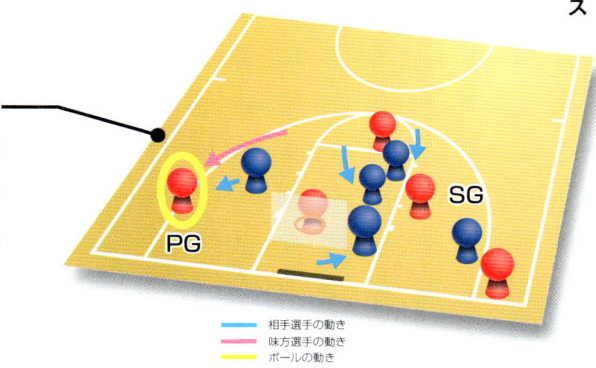

POINT 2

あらゆるパス技術をマスターして攻撃を演出する

味方のオフェンスプレーを生かすためには、あらゆるパス技術を身につけていることが大事。基本のチェストパスだけでなく、オーバーハンドやシングルハンドでのパス、状況に応じたバウンズや浮き球のパスなどマスターしておきたい。

PART 5

コツ 40 ピック＆ロール
味方のスクリーンを使ってフリーになる

ピック＆ロール①

C

SG

ボールの動き

バックコートからボールを持ってきたセンターからのパスを受ける。このときボールを受ける前か、受けた後にコーナーに行くと見せかけるフェイントを入れて、マークマンをかわすことがポイント。

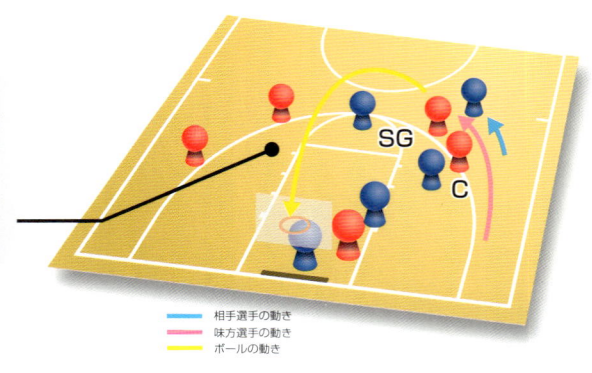

パスを出したセンターがスクリーナーとなり、シューティングガードはその外をまわってセンター付近のスリーポイントライン上に出てシュートを打つ。

SG

C

相手選手の動き
味方選手の動き
ボールの動き

POINT 1

コース取りを考えて
次のプレーを優位に運ぶ

スクリーナーの横を通ってから、どの方向に走り込み、どこでシュートを打つかがポイント。コース取りによっては、マークマンに追いつかれてしまうので注意。追い掛けてくるマークマンの位置を確認しながら、次のプレーを選択する。

フリーになったら積極的にスリーポイントを狙う

スクリーンプレーを使ったピック＆ロールは、重要なオフェンス戦術。自らがフリーになることで、スリーポイ

ントシュートを狙うか、切り込んで得点を狙う。スクリーナーに対して、どのような軌道でランするかもポイント。

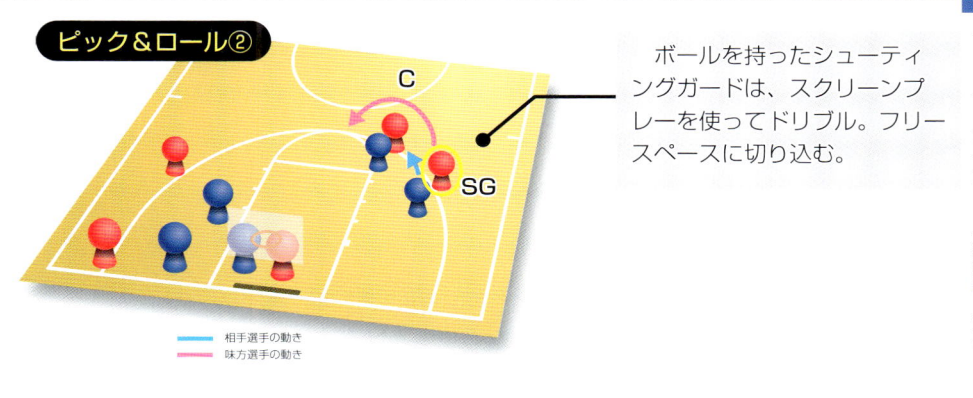

ピック＆ロール②

ボールを持ったシューティングガードは、スクリーンプレーを使ってドリブル。フリースペースに切り込む。

■ 相手選手の動き
■ 味方選手の動き

相手ディフェンスの寄せが甘ければ、そのままドライブでゴール下に進入する。確率の高いレイアップが難しければ、フックシュートやダブルクラッチ、フリーの味方へのパスをイメージする。

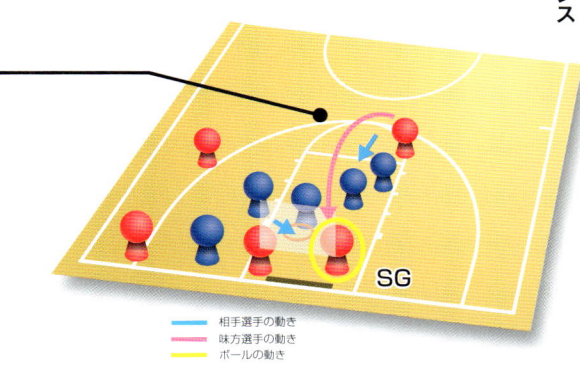

■ 相手選手の動き
■ 味方選手の動き
■ ボールの動き

POINT 2

ドライブで切り込んで
確率の高いプレーを選ぶ

切り込んでリングに向かうドライブは、シューティングガードの俊敏性を生かすオフェンスプレーのひとつ。リングに向かって自分でシュートまでいくのか、味方を生かすパスを出すのか、判断しながら確率の高いプレーを選択する。

コツ 41 ポイントガードとのコンビネーション
パスを受けた後のシュートをイメージして動く

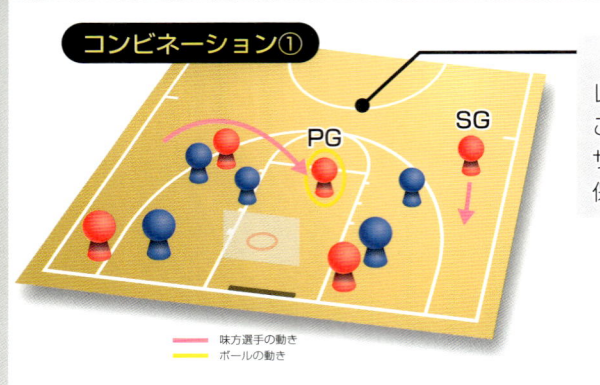

コンビネーション①

ポイントガードがスクリーンプレーを使って、インサイドに進入。このときシューティングガードは逆サイドでマークマンと適度な距離を保つ。

味方選手の動き
ボールの動き

ポイントガードがインサイドに進入したことでディフェンスが集中。相手の意識がインサイドに向いている隙に、アウトサイドでボールを受けてスリーポイントシュートを狙う。

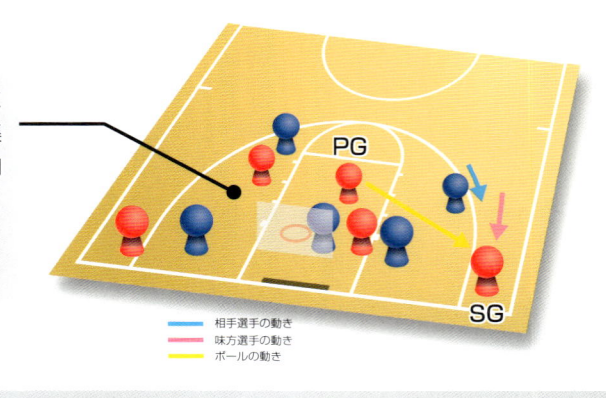

相手選手の動き
味方選手の動き
ボールの動き

POINT 1

体をしっかり止めて
シュートモーションに入る

　動きながらボールを受けてのシュートは、難しいテクニックのひとつ。ボールをキャッチしてから足を揃えてシュートモーションに入る。しっかりストップしてから動作に入らないと、軸がブレて確率が落ちてしまう。

ポイントガードからのパスを得点につなげる

チームの司令塔であるポイントガードとの連携は、機能すれば得点チャンスにつながる。シューティングカードとしては、どこでパスを待ち、受けた後にどのように動いてシュートを打つのか、イメージを持ってプレーする。

コンビネーション②

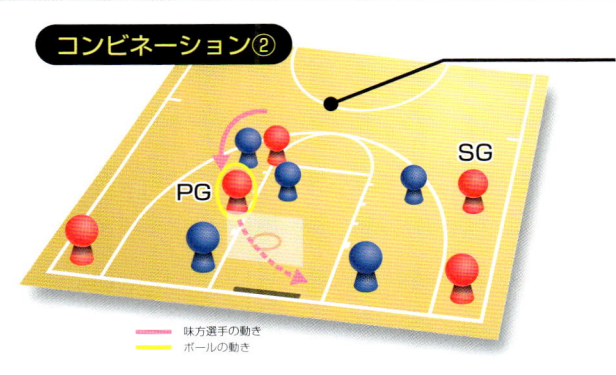

トップからポイントカードがインサイドに進入する。インサイドのディフェンスが手薄のため、一気にゴール下まで迫る。

味方選手の動き
ボールの動き

ポイントガードがゴール下まで切れ込むことで、逆サイドで2対1の状況ができる。コーナーの選手にパス、すばやく経由して45度付近でシューティングガードがシュートを打つ。

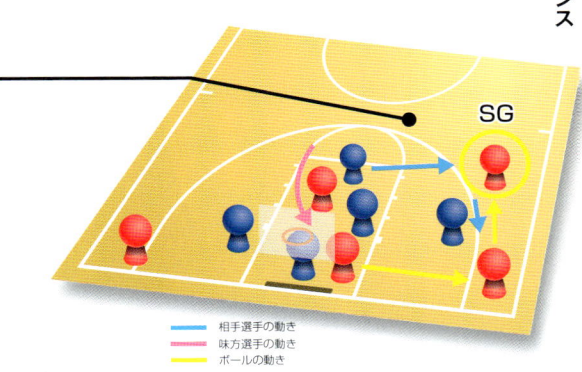

相手選手の動き
味方選手の動き
ボールの動き

POINT 2

ポイントガードからのパスをタイミング良く受ける

ポイントガードとシューティングガードは、フォワードやセンターと比べて高さはないものの、スピードとテクニックで勝負できる選手。ポイントガードからの効果的なパスを考え、どこで待つことが得点につながるのかイメージする。

スリーポイントシュート
相手と駆け引きをしてスリーポイントを決める

スリーポイント例

第4クオーターで残り時間も数十秒。次の得点が勝敗を大きく左右するシーン。ファストブレイクでポイントガードからパスを受けたシューティングガードはどのようにスリーポイントを狙うのか。

オフェンス戦術の一つとして、オフェンス能力が高い選手を生かす方法がある。この時ボールサイドでは2対2の状況になりつつある。

PG

SG

—— 味方選手の動き
—— ボールの動き

**POINT
1**

ミスマッチを使って
積極的に仕掛ける

アイソレーション・オフェンスは、オフェンス能力に優れた選手が1対1をしやすくするために、他の選手が意図的に動く戦術。シューティングガードがサイズの大きな相手とのミスマッチでは、積極的に仕掛けてゴールを狙う。

勝負を決める場面でスリーポイントを決める

スリーポイントシュートでの得点は、シューティングガードにとって大事なプレー。拮抗している場面での3得点は、ゲームを大きく左右する。自分が持つテクニックを駆使して、効果的なスリーポイントシュートを狙う。

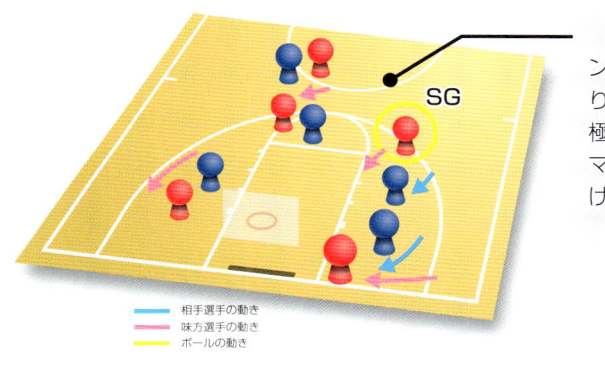

ボールを持ったシューティングガードは、ドリブルで切り込むような動作をみせる。積極的にリングに向かうことで、マークマンの意識を後方にさげる。

相手選手の動き
味方選手の動き
ボールの動き

切り込んでからさがるステップバックからの動作で、マークマンとの距離をとりスリーポイントシュートを打つ。

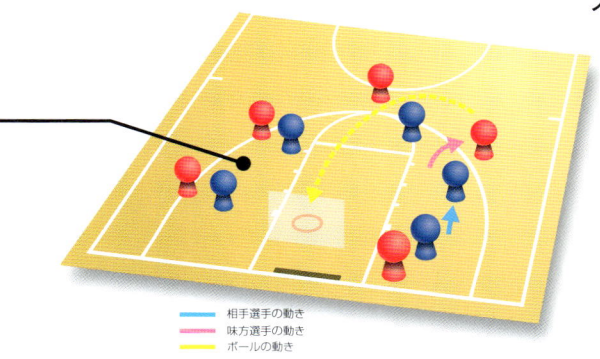

相手選手の動き
味方選手の動き
ボールの動き

POINT 2

ゲームを通じての積極性が勝負所での得点に影響する

ステップバックからのシュートでは、それまでにいかに相手にリングに向かう姿勢をみせているかが大事。マークマンとの駆け引きを制して、勝負所で相手の判断を惑わすよう、試合を通じて常に積極的な姿勢でゴールを狙うことがシュートの間合いを生む。

シューティングガードは得点とアシスト、スリーポイントで高い数値を出す

　バスケットボールには5つのポジションがあり、それぞれの役割がある。試合後に発表されるスタッツ（選手のプレー成績数値）を見ると、そのポジション特性や選手のカラー、持ち味などを垣間見ることができる。

　2017-18シーズン川崎ブレイブサンダースのスタッツを見ると、チーム内の得点王はセンターのファジーカス選手で1517得点。2位はシューティングガードの辻選手の745得点。アシストを見ると、トップは辻選手で256アシスト。以下はポイントガードの藤井選手212、篠山選手205と続く。

　スリーポイントシュートの成功数では辻選手が145本（38.9%）でトップだが、ファジーカス選手は62本（44.6%）で高い確率を出して、この2選手がチームのオフェンスをリードしていた。

6

シューティングガードの
トレーニング & コンディショニング

コツ
43

シューティングガードのトレーニング
練習でシューターとしての能力をさらに高める

試合前の調整はもちろん、スキルアップやコンディションを維持するためのトレーニングは欠かせない。

プレー中に軸がブレない強い体をつくる

バスケットボールは、相手との接触やコンタクトが多いスポーツなので、当たり負けしない体をつくるためのトレーニングが必要になる。特に体幹の筋肉を鍛えるトレーニングは、強化することでシューティングガードにとって大切な「シュートタッチ」にも好影響を及ぼす。

また実戦をイメージしたシュート練習もシューターにとっては欠かせないトレーニングのひとつ。シュートする位置や角度、ボールの受け方、ステップなどシチュエーションを想定しながら、シュート練習をすることで、ゲームに自信を持ってのぞむことができる。

POINT 1

実戦を想定して
シュート練習を行う

　シュート練習は、アウトサイドからのキャッチ＆シュートにウエイトをおいて練習する。打つ角度、パスの方向によってボールの受け方やシュートモーションへの足の運び方が変わるので、あらゆるポジションで繰り返しトレーニングする。

POINT 2

軸を安定させて
フォームを維持する

　筋力トレーニングは、体幹の筋肉がメインターゲット。自重やマシンで狙った筋肉にアプローチする。軸を鍛えて安定させることで、相手に当たり負けせず、ジャンプしたシュート動作に入っても軸がブレることなくフォームを維持できる。

POINT 3

練習前後にストレッチをして
パフォーマンスを維持する

　練習前後のストレッチによるウォーミングアップ＆クールダウンは、パフォーマンスを維持するためにも大事な要素。シューターとして大切な上半身の肩や腕、ストップ＆ゴーやジャンプで使う股関節や脚まわりの筋肉をしっかり伸ばす。

プラス ワン +1 アドバイス

シュートタッチを確認して
最高の状態でコートに立つ

　ゲーム前の練習は、自身のパフォーマンスを最高の状態に引き上げるためのトレーニングだ。ゲームに入って、すぐ動き出せるためのダイナミックストレッチなどで徐々に体を温め、シュート練習ではその日のシュートタッチを確認する。

コツ44 シューティングガードのシュート練習① 左右からのボールをキャッチしてシュートを打つ

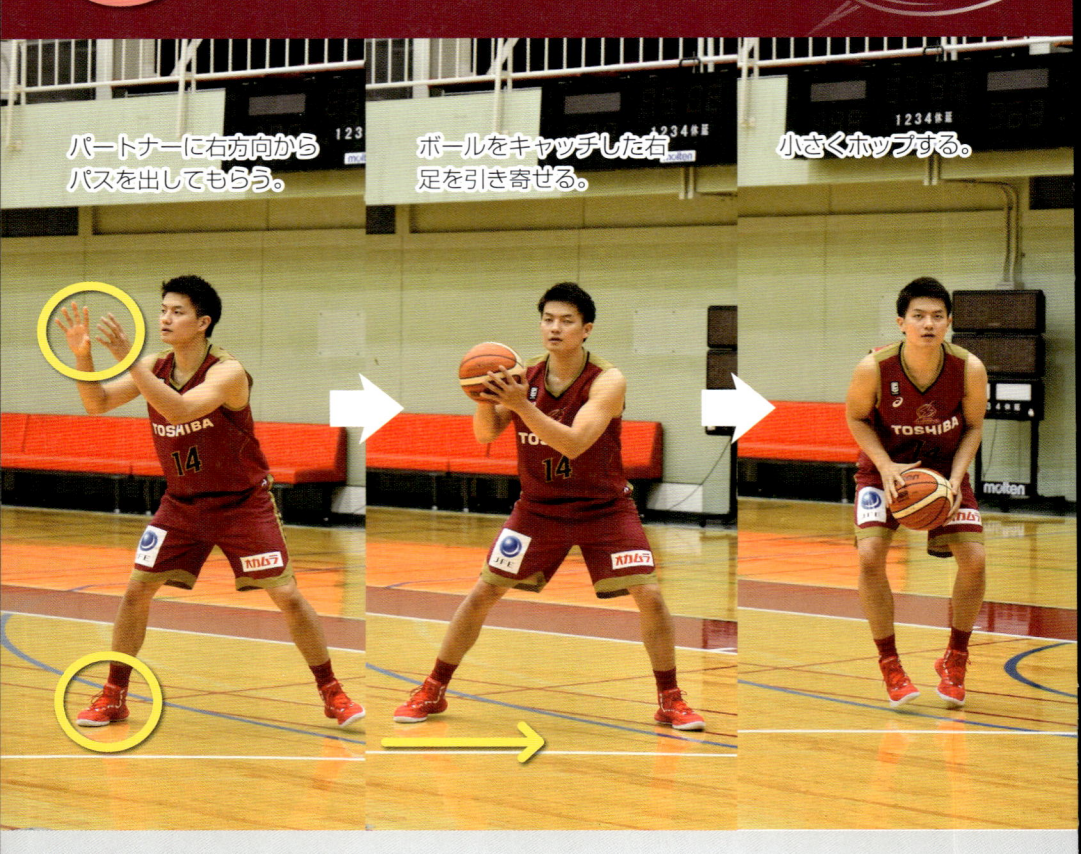

パートナーに右方向から
パスを出してもらう。

ボールをキャッチした右
足を引き寄せる。

小さくホップする。

POINT 1

その場で軽くホップして スタンスを整える

パートナーに右方向からボールを出し
てもらい「ホップシュート」を打つ。最
初からスタンスをとって、ミートした状
態からボールを待つ。キャッチしたら、
その場で軽くホップして足を整え、すば
やくシュートモーションに入る。

一瞬のノーマークを生かしてシュートを打つ

チームオフェンスを考えたときに、シューティングガードのシュート力を柱として組み立てるプレーが「キャッチ＆シュート」だ。一瞬のノーマークを生かして、すばやくシュート動作に入るためのテクニックをマスターしよう。

足を揃えて腰を落とし、**すばやくセットする。**

ヒザを伸ばして**ジャンプ。**

高い打点で**リリースし、フォロースルーをとって着地する。**

POINT **2**

足を引き寄せてから微調整してスタンスをとる

パートナーに左方向からボールを出してもらい「カウントシュート」を打つ。ボールをキャッチしたら右足に左足を引き寄せ、半歩右足を横に動かしてスタンスを微調整。このとき両足で「1、2」というカウントを踏むイメージ。

シューティングガードのシュート練習②
走りながらボールを受けて２カウントで止まる

パートナーに左方向から
パスを出してもらう。

走りながらボールを
キャッチする。

足を踏み込みストップ
する。

POINT
1

２カウントで体を
止めてからシュート動作に入る

　ボールを受けに入ったときは、しっかりストップしてからシュートモーションに入ることが大事。体の軸がブレた状態でシュートを打つと確率が低くなる。キャッチから２カウントで止まり、シュートモーションに入ることを心がける。

足を開いてボールを待ち1歩分を短縮する

動いているときは2カウントストップで体を止めてからシュートモーションに入る。体が流れてしまうと軸が安定しない。すばやくシュートを打ちたいときは、その場で足を開いてボールを待ち、1歩分の時間を短縮する。

足を揃えて腰を落とし、すばやくセットする。

ヒザを伸ばしてジャンプ。

高い打点でリリースし、フォロースルーをとって着地する。

POINT 2

ボールを受けたその場で1カウントで打つ

ボールがくる方の足を引き、ミートした状態でボールを待つ。ボールをキャッチしたら、足を引きつけてすばやくシュートモーションに入るのが「クイックシュート」だ。足を引くことで重心も下がり、安定した体勢から動作に入ることができる。

シューティングガードのシュート練習②
オフェンスに必要なテクニックをスキルアップする

パートナーに後方から
パスを出してもらう。

反時計回りにターンを
開始。

左足を軸にしてまわる。

POINT
1

軸足を保って
ターンからシュートを打つ

　リングを背にしてボールを受け、ターンしたらすばやくシュートを打つ。ボディバランスに注意しながら、トラベリングにならないよう軸足をしっかり保つ。シュートモーションに入ったら、正しいフォームを意識して正確にリングを狙う。

ピボットやターンを駆使してスムーズにまわる

ターンアラウンドシュートの練習では、オフェンス時に必要な動作であるターンやピボットが上達できる。ボールをキャッチし、リングから目を切った状態からすばやく狙いを定め、シュート動作にスムーズに入ることを心がけよう。

足を揃えて腰を落とし、すばやくセットする。

ヒザを伸ばしてジャンプ。

高い打点でリリースし、フォロースルーをとって着地する。

マークの逆をつく
フェイクを入れてから動く

ターンアラウンドシュートの練習には、フェイクの動作も取り入れる。ターンに入る前に逆方向に行く動作を見せてから動き出す。マークの逆をつく予備動作を入れてからターンすることで、相手からのシュートチェックを遅らせられる。

コツ 47 シューティングガードの筋力トレーニング
コアの筋肉を刺激して体の安定性を高める

体幹や股関節まわりのインナーマッスルは、意識して強化に取り組むことが大事。

スタビリティトレーニングで体の安定性を高める

バスケットボールでは、プレー中のフットワーク動作に必要な俊敏性やシュート、ブロック時のジャンプなどで働く、下半身・股関節まわりの筋肉を強化していくことがスキルアップにつながる。

シューティングガードとしては、単に筋肉のサイズを大きくすることを目的と

せず、シュートタッチやシュートフォームに関わる、体の軸の安定性、体幹の筋力の強化に取り組んでいく。

フォームの安定性やマッチアップした相手と当たり負けしないパワーをつけるためには、スタビリティトレーニングで体のコアな部分を刺激していく。

仰向けから腰をあげて
体幹の力を高める

　ヒザを立てて仰向けになり、腰を落とした状態からあげていく。そうすることで腹まわりにある腹直筋など体幹部の筋肉に負荷を加える。腰をあげたときには、背面が曲がらず、まっすぐ一直線になることがポイント。

ヒザを立てて仰向けになり腰を落とす。両腕は軽く広げて床におく。

床につけていた腰をあげる。背中のラインがまっすぐになることを意識する。

背中や尻、スネ、床でキレイな三角形をつくる。

片脚ずつ引き寄せて
股関節まわりの筋肉を可動させる

　仰向けになり、両手で力を加えて片脚ずつ引き寄せ、脚のつけ根の股関節まわりの筋肉に負荷をかける。股関節まわりの筋肉を鍛えることで、激しいプレー中でも体勢を安定させてバランスを整えることができる。

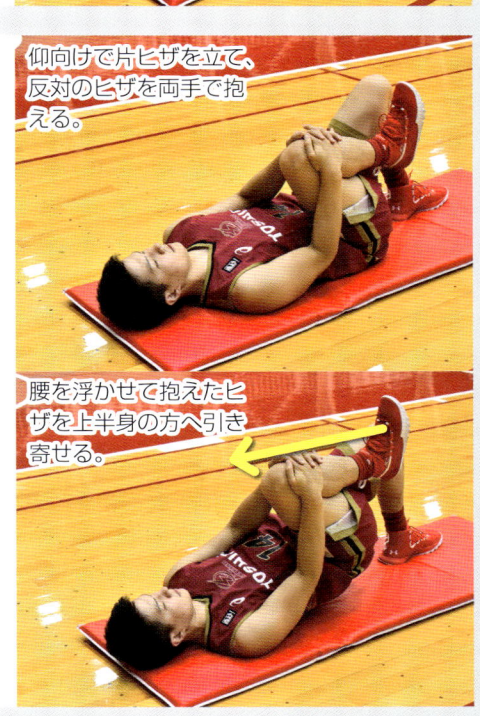

仰向けで片ヒザを立て、反対のヒザを両手で抱える。

腰を浮かせて抱えたヒザを上半身の方へ引き寄せる。

両手でしっかり片脚を引き寄せ、股関節まわりの筋肉を刺激する。

両腕と脚を伸ばし
股関節と肩関節に負荷をかける

　両腕を伸ばし、片脚で立った状態から、あげている脚の方の体側を外側に向けていく。肩関節と股関節周辺や腹部から尻、モモの筋肉を鍛える。ヒジやヒザが曲がらず、両腕と脚が床と平行になるよう姿勢をキープする。

壁に両手をついて片脚で立ち、反対の脚は床と平行にあげる。

　腕と脚の高さをキープしたまま、あげた脚の体側を外側へ開く。

　状態をキープしつつ、肩関節や腹部から尻、モモの筋肉へ意識的に負荷をかける。

　ゆっくり体勢を戻し、反対側の脚もあげて同様に行う。

コツ 48

シューティングガードのストレッチ
筋肉をほぐしボディバランスを整える

練習・試合前後のウォーミングアップやクールダウンは、コンディションを維持する上でも欠かせない。

練習やゲーム前後にストレッチで体をケアする

バスケットボールのような激しいスポーツの前後にはウォーミングアップとクールダウンのストレッチで体をケアすることが基本。運動前のストレッチでは、血流を促進して体が温まり、筋肉系のケガを防止。運動後のストレッチでは、ダメージを受けた筋肉をほぐし、筋肉内にある疲労物質を押し流して、翌日以降のコンディションに好影響を与える。

特にストップ＆ゴーなどフットワークで使う脚や股関節まわりの筋肉は、選手にとってケアしなければならないパーツ。加えてシューターにとって大切なスナップの柔軟性も高めておくと良いだろう。

スナップを柔らかくして
シュートタッチを高める

　肩幅ぐらいに両足を開いてヒザを曲げ、モモの上に手首を外側に向けて、手のひらをおく。上半身の力で手首の関節を伸ばす。手首の関節の柔軟性がアップすることで、しなやかにスナップを使えるようになり、シュート時のボールに規則正しい回転をかけることができる。

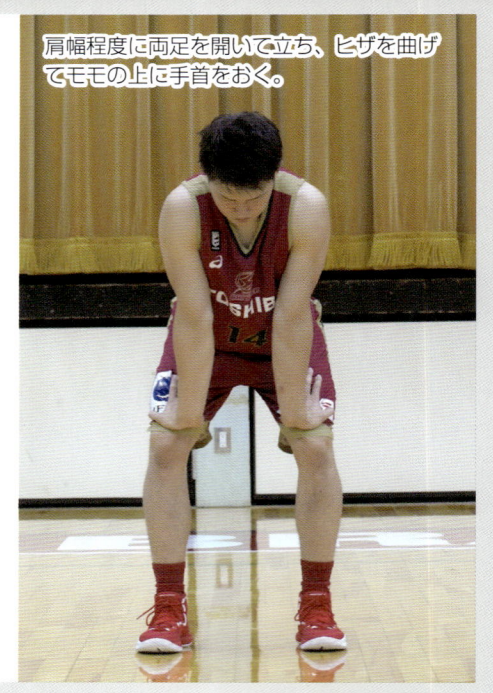

肩幅程度に両足を開いて立ち、ヒザを曲げてモモの上に手首をおく。

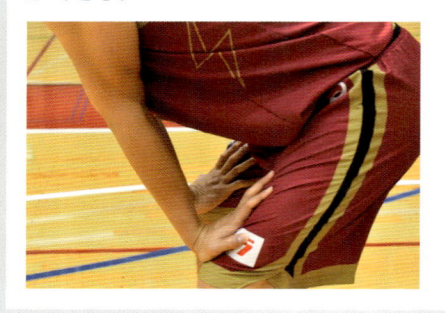

股関節まわりや背筋・腹筋の
体幹をストレッチする

　両手と両ヒザを床につけ、腰をあげて両腕が床と垂直にする。股関節まわりの筋肉や背中や腹部の筋肉を伸ばしていく。上半身の力を使い少しずつ強さを加えながら、各パーツの筋肉をほぐしていく。

両ヒザを肩幅より開いて床につけ、両手を肩幅程度に開いて床につける。

腕に重心をかけつつ、体を前に押し出し股関節まわりをストレッチする。

片脚を横へ伸ばして
股関節やモモを伸ばす

　片足を横に伸ばして、股関節まわりやモモの筋肉を伸ばす。ヒザが曲がっていると筋肉へ適切な刺激が伝わらないので注意。顔をあげて正面を向き、腰を深く落とすほど、股関節やモモへの負荷がアップする。正しいフォームを意識しよう。

ヒザを曲げず片脚を横へ伸ばす。

伸ばした脚を曲げて戻し、反対側の脚も同様に行う。

片脚を伸ばしたままの状態から、体を前に押し出す。

腕を床に対して垂直にし、股関節まわりの筋肉を伸ばす。

シューディングガードのメンタル
動じないメンタルでいつものパフォーマンスを発揮する

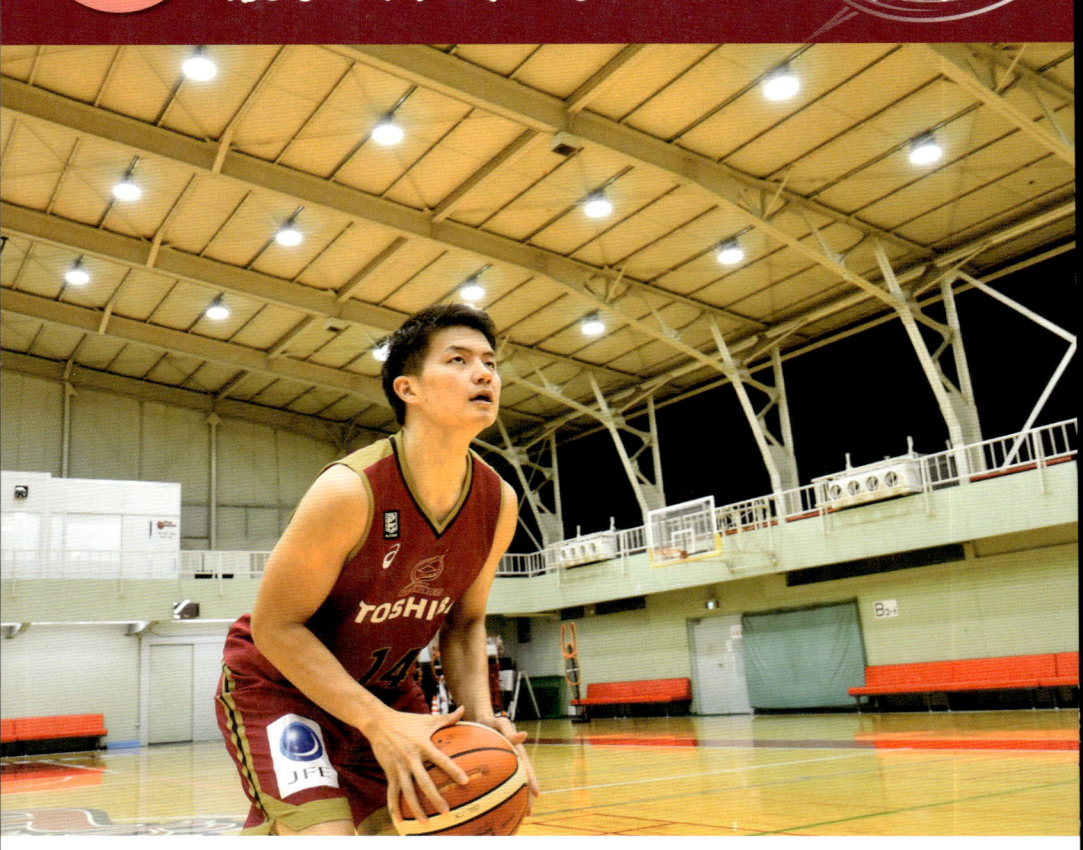

メンタルがバスケットボール選手のプレーを左右する

　バスケットボールは攻守の切り替わりが速く、激しいボディコンタクトがある競技だが、プレーする選手の「メンタル」も大きく左右する。競ったゲーム、重要なシュートシーンで、いつも通りのパフォーマンスを発揮するには、常に動じないメンタルを備えていることが大切だ。

　いくら練習で技術を磨いても、実際のゲームではコンディションの好不調、結果に対する焦りや不安、緊張からミスをしてしまう。そのような状況に陥ることがないよう、トレーニングの一部としてメンタルを強化していくことがシューティングガードとしての成長につながる。

POINT 1

シュートタッチが悪いときは
気持ちを切り替えて集中する

　シュートタッチはその日の肉体的なコンディションによって変わる。調子が悪いときほど、メンタルの落ち込みには要注意。気持ちを切り替えてシュートタッチの悪さを割り切り、ディフェンスや味方を生かすオフェンスで貢献する。

POINT 2

どんな場面でも同じ
シュートモーションで狙う

　「1本を決めれば勝てる」という重要な場面ほど、成功率が落ちてしまう選手が多い。大きな重圧をシューターとして乗り越えていくには、いつも通りのシュートモーションで打つことが大事。「いつも通り」を再現するのがルーティン動作だ。

POINT 3

終了のブザーがなるまで
エナジーを持ち続ける

　試合後半になると、肉体的な疲労により体力や瞬発力が落ちるだけでなく、思考や判断力も鈍くなってくる。このようなときに点差が大きく開いたりしていると、メンタルは一気に低下してしまう。1試合を乗り切る心と体をつくる。

+1 プラスワン アドバイス

ゴール後のパフォーマンスで
モチベーションをアップする

　シューティングガードの辻選手は、試合の勝敗にこだわることはもちろん、ゲームスコアに対しての自分の得点やアシスト、確率を意識しつつ、プロ選手として観客を楽しませるパフォーマンスで自身のメンタルも向上させている。

コツ 50 シューティングガードのルーティン
いつも通りの動作でシュートモーションに入る

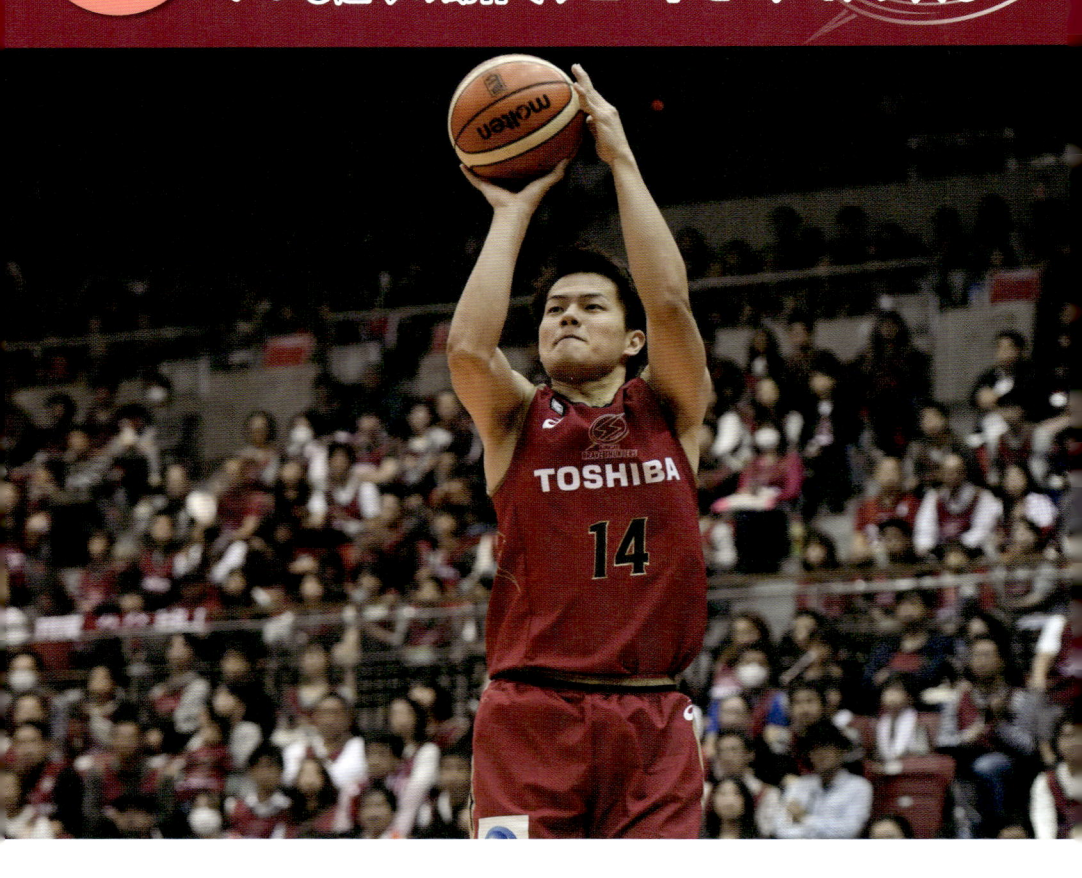

フォームをチェックしながら構えに入る

フリースローは相手からのプレッシャーがないシュートだが、試合の状況や点差によってシューターに大きな重圧がかかる。緊張が高まると、体のどこかに余分な力が入りシュートタッチが乱れてしまう。

そのような状況に陥らないためにも、フリースローのシュートモーションに入る前の導入動作として「ルーティン」を取り入れることが有効だ。辻選手の場合、実際のシュートモーションに入る前に、スタンスの確認やボールの握り、リングの狙いどころなどフォームとしてのチェック項目を一連の流れのなかで再現して、シュートモーションに入る。

+1 プラス ワン アドバイス 辻選手のフリースロー・ルーティンをチェック！

1 スタンスをとってボールの縫い目を確認する。

2 ボールを二度、床につく。

キャッチしたら手の中でボールを回転させる。

3

腰を落としてシュートモーションに入る。

4

5 目線をあげてリングの狙いどころを確認。ボールを胸の前にセットする。

ボールを額の高さまであげる。

6 ヒザを伸ばしながらリリースする。

川崎ブレイブサンダース

https://kawasaki-bravethunders.com/

　神奈川県川崎市をホームタウンとするプロバスケットボールクラブ。2016 年秋に開幕した男子プロバスケットボールリーグ「B.LEAGUE」に加盟。「ブレイブサンダース（BRAVE THUNDERS）」とは、力強くスピード感あふれるプレーで、最後まであきらめず勇敢に戦っている戦士達を意味する。

　B.LEAGUE 初年度の 2016-17 シーズンは、年間チャンピオンシップファイナルに進出し、惜しくも準優勝。2017-18 シーズンの年間チャンピオンシップもセミファイナルで敗退するも、日本を代表するポイントガード篠山竜青選手やセンターのニック・ファジーカス選手を擁するなど、強豪チームとして日本バスケットボール界をリードしている。

2018-19 シーズンより「MAKE THE FUTURE OF BASKETBALL 川崎からバスケの未来を」というミッションを掲げ、チームの強化とエンタテインメントの充実、地域振興活動に取り組んでいる。

協　　力：川崎ブレイブサンダース

得点力に差がつく！バスケットボール
シューティングガード　上達のコツ 50

2018 年 12 月 30 日　第 1 版・第 1 刷発行

監修者　　辻　直人（つじ なおと）
発行者　　メイツ出版株式会社
　　　　　代表者　三渡　治
　　　　　〒 102-0093 東京都千代田区平河町一丁目 1-8
　　　　　TEL：03-5276-3050（編集・営業）
　　　　　　　　03-5276-3052（注文専用）
　　　　　FAX：03-5276-3105
印　刷　　株式会社厚徳社

ご意見・ご感想はホームページから承っております
メイツ出版ホームページアドレス http://www.mates-publishing.co.jp/

編集長：折居かおる　副編集長：堀明研斗　企画担当：堀明研斗